U0598403

# 走向卓越：

## 育才的教育理念与模式

孙元涛　叶映华　梅伟惠　何珊云　编著

ZHEJIANG UNIVERSITY PRESS

浙江大学出版社

**图书在版编目（CIP）数据**

走向卓越：育才的教育理念与模式 / 孙元涛等编著. —
杭州：浙江大学出版社，2019.6
ISBN 978-7-308-19092-3

Ⅰ.①走… Ⅱ.①孙… Ⅲ.①中学教育—研究 Ⅳ.
①G63

中国版本图书馆 CIP 数据核字（2019）第 074446 号

**走向卓越：**

育才的教育理念与模式

孙元涛　叶映华　梅伟惠　何珊云　编著

| | |
|---|---|
| **责任编辑** | 李玲如 |
| **责任校对** | 杨利军　张培洁 |
| **封面设计** | 雷建军 |
| **出版发行** | 浙江大学出版社 |
| | （杭州市天目山路 148 号　邮政编码 310007） |
| | （网址：http://www.zjupress.com） |
| **排　　版** | 杭州中大图文设计有限公司 |
| **印　　刷** | 杭州高腾印务有限公司 |
| **开　　本** | 710mm×1000mm　1/16 |
| **印　　张** | 13.5 |
| **字　　数** | 235 千 |
| **版 印 次** | 2019 年 6 月第 1 版　2019 年 6 月第 1 次印刷 |
| **书　　号** | ISBN 978-7-308-19092-3 |
| **定　　价** | 42.00 元 |

# 前　言

"东南形胜，三吴都会，钱塘自古繁华。"

杭州育才中学位于京杭运河拱宸桥畔，创办于2000年，学校以"样样落实，天天坚持"为校训，已发展为拥有十五所学校、万余在读生的教育航母——浙江锦绣·育才教育集团。历史虽短，而英才辈出。万余毕业生，就读国内外名校者不胜枚举。发展虽快，而不忘初心。捐建希望小学，设立教育基金，倾心文化事业……凭借着优质的教育质量和极强的社会责任感，育才赢得了社会各界的好口碑，各种荣誉接踵而来。

更上层楼，目极千里。与海内外同行的交流，使育才翻开了进取的新篇章。创新办学模式，跨市发展和托管公办，带动了浙西基础教育和公办基础教育前行。创新教学模式，借助高校的科研力量，"翻转课堂"和"未来课堂"已在育才生根。育才正走在中国最具变革力学校的前列。

我有梧桐，鹓鸰来栖。育才的教师团队平均年龄32岁。他们敬业乐业，年富力强，朝气蓬勃。他们认同育才的价值观，在日常的教育教学变革中，践行着质朴的育才校训，恪守着对家长、对学生未来的承诺，担当着学校教育作为托起民族和学生未来的光荣事业的使命。

　　未来何处，大道指路。从初创一所小学校，到确立"做中国民办基础教育的一面旗帜，做世界基础教育的中国样板"这一宏伟目标，育才的发展史就是中国民办教育艰辛创业史的缩影。典雅的校园、质朴的文化、高质的师资、先进的课堂、多彩的活动、精致的服务……这一切，都为了"让孩子因为我们而幸福"。

　　本书将从不同侧面，完整地呈现出育才中学的管理理念和实践。

# 目　录

— 1 —

# 筑梦教育:育才的办学历程

育才的办学历程是育才的教育筑梦史,在创办至今的 19 年里,育才孜孜追求,一路披荆斩棘,一步步走向今天的成功。

## 一、孜孜追求

### (一)中师求学,缘定教育

育才中学校长郜晏中先生,是育才中学的创始人,也是育才教育理念的倡导者和践行者。从一定意义上说,育才中学的创业史,也是郜晏中校长教育理念的生成、转化与变迁史。他的个人生活史和创业经历,与这所学校,及至这个集团构成了一种彼此交融、相互玉成的紧密关系。

郜晏中 1970 年出生在临安山区,父亲是个乡村教师,母亲是农民。从记事起,他就帮着家里干活。七八岁的姐姐用小凳子垫脚在灶上烙饼、煮干菜汤,五六岁的郜晏中就蹲在灶前烧火。对一个五六岁的儿童来说,烧火虽然有趣,却并不是件轻松的事,先要用八角刺、松针点燃毛柴引火,再小心放上硬柴,眼手被呛被刺是常事。读小学前,上山捡一捆柴、割一篮猪草,成了每天的"家庭作业"。每当路过山上的坟堆时,郜晏中都会惊恐地把柴刀紧紧握在手里。父亲的安排是有用意的,生活的困难不仅磨炼了他的意志,也增强了他的好胜心。再长大一些,郜晏中就参与大人所有的劳作,上山打柴,下地种菜,进田种稻,样样活他都能干,而且要干得比别人好。割稻插秧或许是对那个时代儿童最大的挑战了。一天下来,不仅腰酸背疼,指甲肉也翻上来了,他感到锥心般的难受。插秧时,田里的水蚂蟥有筷子般粗,叮在大腿上不放，要吸足血才肯松口。拔掉它，血流不止。休息天，村里放映《佐罗》，父亲却逼着他继续干活，没看成电影的他，咬着牙恨父亲，老长时间不愿叫父亲。

1988年，19岁的郜晏中从中等师范学校毕业，子承父业，当上了临安横畈镇中心学校的一名教师。这位小学三年级就发表文章的文学爱好者，却成了一个成天与数字打交道的数学老师。当时他执教的数学课可谓一塌糊涂，在全镇小学中被评为最差。为此，他被发配到"村小"教书。他一度怀疑自己的能力。"哪里跌倒就从哪里爬起来！"他一贯严肃的父亲抛给他这样一句话。记不清付出怎样的艰辛，但是，精心钻研，却是所有艰辛中最深的记忆。一年之后，他教的班级数学竟然取得了全镇第一的好成绩。

郜晏中的小学教师经历让他深深地体会了什么叫作神圣。走进教室，跨上讲台，左手执课本，右手握粉笔，背后是黑亮亮的黑板，眼前是活生生的小精灵，在这样的氛围中面对这些需要他浇灌的"花朵"，面对这几十双充满信任、渴求且清澈透明的眼睛，他心头的尘埃彻底被荡涤，自己也渐渐变得纯净如水。一种人生价值得到体现的自豪感，一种教书育人的责任感，一种"国家兴亡，我亦有责"的使命感，自然而然地溢满了他的心房，渗透到他全身的每个毛孔，驱使着他这个年轻的教育者积蓄和发挥一切力量投入这个古老而常新的事业，使他确信："教师确实是太阳底下最崇高的职业。"他常常为这种感受而激动不已。郜晏中曾写过一篇文章，题为《做个老师真不错》，满篇都洋溢着他对教师职业的热爱，他感谢这份让他永葆年轻的工作，让他的生活中一直有鲜活的生活小伴侣。也是本着这份热爱，郜晏中开始了他在教育事业上的不断拼搏与进步，"教育"这两个字已经成为他生命中最重要的关键词。

这段经历，表面上是其教育生涯的一个特殊的开端，实际上却构成了郜晏中此后投身教育创新创业的根基。所谓"不忘初心"，对于他而言，"初心"在这里奠基。

### (二)精研理论，深耕教育

自2000年接手育才中学以来，为了学校的发展策略，郜晏中先是读完硕士课程，接着又向武汉大学教育管理博士学位课程挺进。他认为思想更新才是根本，所以他给了自己又一个"洗脑"机会。他将自己的博士学位论文选题定为"探讨育才中学的德育模式"。在郜晏中眼里,创新就是生命线,是育才作为一所名校发展的方向。荀子说过:吾尝跂而望矣,不如登高之博见也。也许,只有站得比别人高,才有更长远的眼光与更宽阔的胸襟,才能使民办学校在激烈竞争的艰难形势下,求生存、求发展。贝弗里奇有言:只有创新才能推动历史的前进。郜晏中用他的创新理念和激情,引领着育才人每天想出一个新点子,他认为这应当是育才的特色。

郜晏中喜欢读书,从中师开始就养成了读书的习惯。他规定每周日下午为家庭读书日,每个人都要看书。他家里的书橱里放着各种书籍,有教育类的、军事类的、摄影类的,甚至还有珠宝鉴赏类的,为的是扩大家人的知识面。他自己还编书、写书,2007 年由他编撰的《八年磨一剑》《浙江省民办教育发展战略研究》由浙江人民出版社正式出版。郜晏中自述道,读书使他的精神世界变得丰富充实。在学校,他鼓励教师经常进修充电,提高自身修养。有一次,他一口气给每位教师购买了必读书 8 册,其中包括教老师怎样提高学识修为、如何做学生心理疏导、如何提高课堂和学习效率等多个种类,用这种方式来帮助教师培养终身学习的习惯。这次之后他又组织了很多次送书活动,他坚信读书使人睿智,通过阅读可以让人更明确自己的发展方向,也可以让人更好地享受当下的生活。今天我们在郜晏中的办公室里能够看到琳琅满目的教育理论书籍。他订了近五十种刊物,虽然没有时间做到每本精读,但其中某些刊物,教育类的如《人民教育》《教师博览》《青年博览》,管理类的如《中国企业家》,他都做到了篇篇精读,读完之后自己觉得有益的文章还会分享给学校的同事。晚上常常是郜晏中自我充电的时间,学生晚自习的时候他一般都会在办公室独自阅读,并且深入地思考。不积跬步,无以至千里;不积小流,无以成江海。正是每天这样一点一滴的积累,才造就出他这种睿智文雅、严谨从容的教育者气质。

### (三)诗书生活,筑梦教育

育才中学理想的教育目的,是希望孩子们能够拥有广博的知识、顽强的意志、强健的体魄、出众的能力、端正的人品和崇高的信念,希望他们能够学业有进步,成长有呵护,特长有发展,交往有伙伴。郜晏中曾引用泰戈尔的一句诗对此进行概括:"让我们的爱像阳光一样包围着你,又给你光辉灿烂的自由。"简明扼要而又充满着文学的浪漫。

郤晏中是个文学青年，做过文学梦，年轻时还出版过诗集，有着敏感细腻的文笔。他曾作过一篇文章，题为《给老师编个"二维码"》，将他印象中的各科老师的特征做了描写，读来十分生动有趣。例如，他这样概括学校里的语文老师："语文老师的案头必须泡着清新淡雅的龙井，点着袅袅的檀香；书柜里一定要罗列着诸子百家的经典。语文老师应该是PPT用得最少的老师，甚至是不需要用PPT的老师，有些特定的课文连板书都要竖着写，简单几笔就能勾勒意境，清口朗诵做到字字传情，一堂好课全凭一口气、一张嘴，扎扎实实地传承中国的文脉。"他又用"潮"字来概括英语老师："如果说语文老师的案头不能少龙井，那么英语老师的办公室则应该天天弥漫浓郁的咖啡香。英语老师必须是一所学校里穿着打扮最洋气、最有国际范儿、最爱'喝咖啡'的老师。"文章中的数学老师是最"静"的老师："教授数学这种语言的老师必须是一所学校里最坐得住、最静得下心、最会发呆的老师。坐得住、会发呆是数学老师长时间专注思考问题能力的体现，而这正是我们要培养学生的，使之终身受益的高级思维能力。"至于科学老师，他归纳为最"能"的老师，科学老师上知天文，下知地理，博学广识，不仅能帮助学生解答知识上的困惑，且能引导学生动手解决现实中的问题，更能激发学生对未知世界的探知欲，是学校里最具动手能力、探究能力和创新能力的老师。通过对不同老师特征的描写，郤晏中总结为："一所好的学校，应该是一所有风度、有深度、有亮度的学校。文科老师决定其风度，理科老师决定其深度，音、体、美等活动学科的老师则决定其亮度。只有老师们各具特色，孩子们的学校生活才能有声有色。"

郤晏中用独特的文字方式来表达他在教育上的经历和感悟。当年北大未名湖畔辜鸿铭先生招摇的小辫子，清华园里王国维先生惹人注目的长布衫，六十几岁的刘节先生换上长衫向恩师陈寅恪行跪礼拜年，不管别人怎么看这几位大师的做法，在郤晏中看来，正是他们身上积淀了为人为学的深厚修养，才蓄得住小辫，穿得了长衫，受得起跪礼。郤晏中心中以他们为榜样，不断提高自己的文学修养和教育品质，为自己的教育事业筑梦织网。

## 二、春雷初绽

### (一)事业奠基

1994年10月，远在临安乡小教书的郜晏中接到一纸电报："来杭一叙。"发电报的人是杭州西子实验学校校长、著名教育家李承龙。郜晏中很激动，他想着自己可以从此走出大山，到风景优美的大杭州一展身手了。来到学校后，他才发现这所正在修建中的学校坐落在山道上，这地方以前是坟场和茶山，与家乡临安横畈镇的山梁相比，也好不到哪儿去。掩饰不住内心的失望，郜晏中仍不死心，他想，既来之，则安之。李承龙校长交给他的第一份"活"是管基建和接待。一个教书不服输的教师，一下子变成了包工头，他的心里着实凉了半截。怎么办？是留还是走？他的脑海里浮现出引荐他的宋老师，这位德高望重的特级教师，曾对李校长说，他发现了一位可造之才。他想起了自己应聘时的慷慨陈词，以及考核他时两位西子创办人信任的目光，他咬咬牙，决定干！

工地上的民工多，每天的杂事也多，在太阳下汗流浃背的高杆儿书生被晒成了瘦猴。他忘不了那一次400名工人打架的事件，是他从中劝解，为这块烫手的山芋降温；也忘不了学校买回的100条草席一夜之间被民工哄抢一空，他都一一妥善处理；还有一次，周浦乡派出所将民工们的无证自行车收缴，是他阻止了100多名民工准备砸抢派出所的闹剧。与粗鲁的建筑民工周旋，反而练就了郜晏中过人的胆识。其实他的生活条件非常艰苦，郜晏中住在农民家里，每个月500元的工资还要付200元食宿费，几个月下来他的存款甚微。

每逢礼拜六，他要送几百学生去杭州市区，等家长来接。家长来不了，他得等。等不来怎么办，他得把他们重新带回学校。学校离杭州市区有25公里路程，一来一去，回到西子学校，已是夜色深沉。这个好强的汉子，拖着疲惫的身躯，躺在床上时，累得很快就进入梦乡。这样的日子，一干就是6年。

2000年，全国的民办学校如疾风扫落叶，一家接一家关闭，今天开业，明天就关门的不在少数。谁曾想，三十而立的郜晏中，却要离开主持6年工作的西子学校,开始新的创业。至于原因,他自己把它归结为要施展拳脚。当时他接手的育才中学,只不过是一所面临倒闭的民办学校,当年招生只有 10 个学生报名。他忘不了那一次的招生,自己站在兄弟学校的门外,把那些摇号未中的学生家长一个一个请来,一个一个保证,才凑足 200 多位学生。没有房子怎么办?租!那时,学校租的是小营小学分部的一幢小楼房。没有教师怎么办?请!他四处求聘教师,终于迎来 16 名老师。但用别人的话说,这些老师老的太老了,年轻的又太嫩,能上好课吗?郜晏中自己也不知道。学校当时的情况可以用"一穷二白"来形容,从前任育才校长手里接过来的只是一块牌子,几张桌子,以及停招了两年的现实。十几个老师在一间教室里办公,200 多名学生坐在只有一面向光的教室里,白天几乎都开着灯。教室里没有空调,夏天热得像个闷罐子似的。中学生和小学生共用一个厕所,学生们下了课得跑向 20 米外的小学部去方便,慌兮兮的女生们挨个儿排队等着,后面的轮到进去时,课铃已然敲响。总务处、教务处和办公室并在一间屋子里办公。校长的办公室在三楼的一个小房间,里面只有一台电风扇,校长室的地板是大砖头铺的,一踩一层灰。没有专门的会议室,老师们开会时就在大办公室里,这间办公室其实就是一间大教室。尽管如此,他和 16 名教师,从这里起步,在一亩地的校园里,一步一个脚印,开始了艰难的跋涉。

由于教学条件太差,很多老师不愿意来,郜晏中就请兄弟学校派老师支援,育华的赵校长给他分来几个年轻人,其中有一个教数学的男老师干了两个月就走了,学校里顿时没有了数学老师。那时学校快开学了,郜晏中为此寝食难安,急得像热锅上的蚂蚁。他好不容易打听到有一位刚退休的姓王的数学老师,就马上和她联系:"王老师,我是育才校长郜晏中,我们想请你来这里教书,你考虑一下,我开车来接您。"王美蓉老师颇感意外地说:"没关系,我自己骑车能去的。"没想到,第二天他就开车去接她了。郜晏中带着王老师在简陋的房子边转了一圈又一圈,他仔细地介绍了学校的办学情况,他没有掩饰困难,他说寄人篱下的日子就是这样,民办学校都蛮难的。王老师被他的话所打动,答应留下来。王老师的丈夫和子女们都不支持她教书。王老师的丈夫是大学教师,他们并不缺钱;儿媳妇已怀孕,希望她能帮她带孩子,可是,郜校长的坦诚和焦急,终于让她下决心,到育才来帮忙。郜晏中用他的那辆旧车把王美蓉老师送回了家。没过几天语文课又出了事故,刚接手的新老师小吴上课总不能让学生满意,甚至有些家长也跑来监督听课。

郜晏中索性陪小吴老师一起上课，课内课外，一招一式地教这个小姑娘上课。几节课下来，小吴老师进步非常快，才总算平息了这场"灾难"。

**（二）成事成人**

育才中学创办之初，学生家长对学校的信心不足。家长对一个学校的评价无非看两点：一是教育质量，简单点说就是升学率；二是学校风气。郜晏中明白教育质量究竟好不好，至少要经历3年也就是要等第一届学生毕业才能出结果，但是学校的风气，却是在日常习行中逐渐积淀生成的。对学校的第一批210个学生，学校规定男生不准养长发，女生不准染发。在学校披头散发的、搂搂抱抱的、抽烟的、说脏话的，校长一律找他们谈话，一律全校点名批评。当时学生之间流行背单肩包耍酷，学校规定一律只能背双肩包，不允许背单肩包。还规定不允许学生两手插口袋，不允许勾肩搭背，语言要文明。为了督促学生遵循这些规矩，每天放学后校长就走进学生群中间，表现好的和表现不好的全部记录下来，第二天晨间谈话时点名表扬或批评。就这样，校长和学生的关系很亲近，前几届的学生，校长全部叫得出他们的名字。在育才中学，每天早上上学，校长都在校门口迎接学生，学生见到校长都会深深鞠躬道一声校长好；育才的住校生每天晚自习结束后回到宿舍，校长都会亲自去宿舍一间一间地道晚安，孩子们也都会回一句校长晚安。师生之间的情感由此培养，学生的很多生活习惯也由此养成。育才的风气从那时起就如此严谨，一直延续至今。毕业生一进入高中，高中老师就能知道哪几个学生是育才中学毕业的，就凭借他们的那股精气神儿，那股正能量，以及对教师和同学的礼貌尊敬。现在育才的毕业生遍布世界各地，在对他们的采访中，问他们育才对他们最深的影响是什么、对育才最深刻的印象是什么，有学生回答，是一种学习态度，再延伸到一种生活态度。

郜晏中在访谈中曾谈道："基础教育不是那种革命性的，不是那种天天在变革的，不是那种站在风口浪尖被人盯住的弄潮儿的工作，而是一份很寂寞的工作。每天面对一样的人，做一样的事，如果没有对这个工作的热爱，不是对这个工作充满激情，早就倦怠了。这是大家对教育的理解。我的理解是：教育中变化的东西太多了，孩子每天都在变化，身体上和心灵上，没有一个工作能和我们这个工作一样，能通过我们对工作的执着、热爱和本身的综合素养去塑造年青生命的成长。"

　　郜晏中深信,中华民族的崛起在中小学课堂上,在1400万中小学老师的课堂上,这些老师关上门在教室里向孩子们传递什么,熏陶什么,孩子们就会变成什么样,中华民族也就会变成什么样。郜晏中肯定基础教育的作用,重视基础教育的价值。一个老师是什么样,他教的学生就会是什么样;学生是什么样,我们这个民族将来就会是什么样。中小学教育的魅力就在于此,每一个中小学老师都应该成为孩子的贵人,不仅教导他们知识,更教给他们做人做事的准则和态度,做到以德服人,以能服人,以知识服人。教育是一个不可逆的工作,中小学教育在一个学生成长的阶段中起着决定性的作用,郜晏中和其他老师都知晓这个道理,在教育实践过程中对学生进行精心的教化和培养。

　　育才中学将中考当作是孩子真正的成人礼。中学阶段,正是一个人形成健全人格和正确三观的关键期。而完整的、完善的人格是需要通过历练的。好多父母把小孩子送去学军夏令营、学农夏令营、吃苦夏令营,他们的用意很明显,就是结合了自身成长的经历,希望孩子们多一点挫折,希望孩子们认识到生活并不是一帆风顺的。但因为这些活动都是人为设定的,而且受到了各种各样的条件的限制,可想而知,几乎是达不到父母们想要的效果的。大部分孩子把这样的活动当玩耍去对待,孩子参与活动更多的是为了满足好奇心;对有些孩子来讲,效果甚至可以说是适得其反,他们从心底里更厌恶劳动,因为他们觉得那些活动实在太苦了。由于孩子和家长所处的时代不同了,他们也不需要做太多劳力活来获得温饱,他们不缺温饱。那么问题是,要怎样才能让孩子心甘情愿吃苦,又能真正有所收获呢?育才的老师们坚信:浸在日常教育生活中的实践,才是真正的培养学生美德的基石。

　　在很多人的心目中,被打上"应试教育"烙印的中国基础教育就是刷题,就是死读书,就是学校家庭的两点一线。在育才人看来,学校里面的学习生活,理应是,丰富而多元的。首先,学校课程的设计就考虑到了孩子成长过程中的多个维度。其次,学校里面的集体活动,同学之间、师生之间的相处,都是帮助孩子不断社会化的过程。比如,闹矛盾了怎么解决、怎么学会和性格不同的同学共处、怎么学会礼让、怎么面对批评和表扬、怎么去适应竞争、怎么控制自己的情绪……这些课题,都需要在学校各种各样的教育活动当中去体验、历练,从而实现自我的成长。

因为对"应试教育"的负面评价，所以，无论是社会媒体，还是家长，都批判考试，厌倦考试，害怕考试，而且很容易把这种负面情绪传染给孩子。尤其是中考，家长们总是以最后考上的高中好坏来评判一个孩子的优劣，而忽略了孩子们在冲刺中考过程中的收获与成长。育才中学将中考当成孩子真正的成年礼，因为孩子们只有经历中考才会知道，不是所有事情都能依靠父母，父母无法解决所有事情，有些事情注定要靠自己去完成，读书不是为别人，别人也帮不了自己，自己的路只能自己走。

(三)精益求精

所有学校都想成为名校，但能够在全国叫响的名校屈指可数，育才中学如何才能做到在高手如林的学校中脱颖而出？育才中学锻造了富有育才特色的"七种武器"。

第一种武器：整洁雅致、现代人文的校园环境。校园的环境包括很多方面，校园周边、空间设计、校内小景、教室走廊、公共教室……怎样让校园环境显得更有品位，让来访者眼睛一亮，过目不忘？校长们需要向年轻的妈妈们好好学习。管理学校就是养一个小丫头，千万不能粗放，把好好的女孩子养成了大汉，而要照着五六岁的小姑娘去打扮。校园环境无关面积大小，最起码要整洁，做到窗明几净；再多些雅致更妙，比如围墙周边点缀四季的花朵，让钢琴曲和流水声在校园里回荡；最好添几分现代和人文元素，将走廊、墙壁改造成孩子艺术创作的乐园，为家长开辟一条等候的风雨长廊……这种美好的环境是一种静默的教育力量。

第二种武器：丰富多彩、新鲜动感的校园活动。育才人相信，学生爱上学校，首先是因为爱上了这里丰富多彩的活动，要成为名校只靠冷冰冰的分数不行，还需要众多特色的、经典的活动做支撑。让男孩子在对抗性的体育活动中体会什么叫团结，什么叫协作，什么叫坚持，什么叫"轻伤不下火线"，从而变得阳刚、坚毅；结合学校所在地域的特点，编创出洋溢民族特色的舞蹈，让女孩子变得更加婉约和婀娜。通俗、世俗的东西育才不拒绝，但是在孩子养成审美、提高审美素质的关键年龄，学校应该发挥引领作用，让孩子每天进校都怀有一种期待。

第三种武器：敬业乐业、学高身正的教师队伍。一所名校必然需要好的校风、教风、学风。好教风引领好学风，好教风加好学风就是好校风。什么是教育？有道是"身教重于言教"，因此，学校制定的所有原则和规范，必须是校长引领、教师表率，让教师向着"师德高尚、身体强健、业务精湛、待遇优厚、环境良好、同事融洽、家庭和睦、成果显著"等八个指标发展。"一身正气"让教师敢于直视学生的眼睛，"决胜课堂"让教师用专业地位获得社会认可。仅"不做有偿家教"一条，就足以让学校成为行业的标杆，得到同行的尊重。有了这样一批耐得住寂寞、经得起诱惑的同行者，校长们大可在毕业生典礼上骄傲地向孩子们高呼：无论什么时候，我们都会确保母校的尊严，让你们永远为母校骄傲！同样，无论你们走到哪里，也要确保作为母校毕业生的尊严，让母校永远为你们骄傲！

第四种武器：优异稳定、高效绿色的教学质量。尽管教师无法掌控教学质量形成过程中的一些不可控因素，例如中高考政策、班级授课、课程标准，但教学质量的要素配置，如生源、师资、管理、设备、文化，这五项组合足以体现学校的办学水平。同时，教与学流程的控制同样考验学校领导和教师的管理水平，并要把现代信息技术与传统课堂紧密结合，与时俱进，推进课改，选择更高效、绿色的教学方式，让教师教得有效，让学生学得轻松。

第五种武器：科学严谨、符合个性的校本课程。名校的校园活动需要丰富多彩，课程也应如此。学校可以借助大学、教科院、教研室等多方面的力量，从育人目标着手做好顶层设计，按照"人人有责、组长负责、主任指导、校长设计"的思路，结合学校、教师、学生、家长甚至城市的特点，尝试把国家课程、地方课程校本化。有能力的学校可以尝试"走班制"，实行"一生一课表"；力量相对弱小的学校，也可以依靠信息技术弥补短板，借助"慕课"将已有的名校名师资源为我所用，开发一系列校本课程……把学生培养成为具备"广博的学识、出众的能力、强健的体魄、端正的人品、顽强的意志、崇高的信念"的优秀人才。

第六种武器：以人为本、科学先进的办学理念。教育者一定要厘清"教什么""怎么教"和"为什么教"的问题，一所名校也要为自己的办学行为找到理论依据。让幼儿园的小朋友"养得好，长得好"，让小学生"充满梦想"，让中学生为"实现梦想""超越梦想"夯实基础，名校所做的一切都应该基于美好的教育愿景。每一个教育人都应该求索并践行"让孩子因为我们而幸福"的办学理念，让他们人生有目标、学业有进步、特长有发展、交往有伙伴、成长有呵护；让教师过上一种听雨品茗、倚窗抚琴、踏雪寻梅、坐而论道的优雅生活。

第七种武器：心系母校、饱含真情的毕业生。但凡国内外名校都拥有杰出的校友群体，这是一种珍贵的社会资源，也是社会影响力的重要载体。孩子们在校读书时，学校应真心对他们好，把他们当作自己的子女、弟妹一样去关心爱护，像重视教学一样重视孩子在校吃的每一顿饭菜，让家长们放心地把孩子交给学校，让孩子们长大后还能记得母校的好，让家长们在孩子毕业后还能念叨学校的好。因此，名校不是上级部门给的封号，也不是拿来自娱自乐的名牌，应该是学生喜欢、家长信任的好口碑。

这七种武器展现了育才中学顽强的生命力和超凡的潜力，在创办至今的 19 年里，就是凭借着这股冲劲和韧劲，育才一路披荆斩棘，一步步走向今天的成功。

## 三、"求其友声"

### （一）卓然独立

浙江省民办教育在 20 世纪 90 年代重新勃兴时，大致有两种发展思路：一种是征地、建房、上设备，以一流的投入打造一流的校舍硬件来取得招生制高点；另一种是因陋就简、租房办学，靠办学积累、滚动发展，以小成本博取生存空间。从实际情况上来看，走第一条道路的学校大部分举步维艰，因为这些学校动辄上亿元的建校款，没有一分钱是捐资，全都是投资办学，而投资就意味着要尽快收回成本，收回成本就必须扩大规模，扩大规模就会导致招生指标降低，最终导致教育教学质量降低。这样的恶性循环会严重损伤学校在家长、学生心中的信誉度。因此育才选择了第二条路。育才拒绝了好几家公司提出的联合办学、征地建校的建议，坚持先打牌子、再造房子的思路，不举一分债，不欠一分钱，租用当时上城区的紫金观巷小营小学分部作为校舍，逐步积累，小步发展。不滥招一个学生，不多收一分额外费用，狠抓风气，精抓质量，以一个年级 4 个班 210 名学生起步，轻装上阵，慢慢建立起育才的美誉度。

育才从一开始就充分认识到，杭州的民办学校作为公办教育事业的补充，只能寻找公办学校力量薄弱的部分切入。因此，2000 年重新恢复招生时，育才中学决定停办高中，集中力量抓好初中，打出初中教育品牌。为了让育才生存下去,育才在办学之初选择了一条以小成本博取生存空间的扬帆之路。小成本、小规模,为育才的发展节省了巨额的建校费用,这也成为育才得以坚持一身正气办学的基本前提。同时这也使办学者得以集中精力办学校、心无旁骛抓质量,全力以赴地为广大师生、家长服务。

育才中学重新起步后,一无场地,二无师资,三无家长很看重的中考成绩,育才采取了和育华学校组建教育联合体的策略来吸引生源。两个学校统一师资、统一管理、统一进度、统一考试、统一家长会、统一学生大型活动,让家长和学生感受到在育才上学和在育华上学相差无几,从而赢得了一部分因电脑派位未进热点学校,但又坚持想送孩子就读民办中学的家长的信赖。对于第一批招到的210位学生,学校确实履行了之前的承诺,与育华学校保持了全方位的统一。在第一届学生招好后,学校逐步走上了正常发展的轨道,也慢慢地不再过多地向家长强调和育华学校的各项统一。在有了一定的基础之后,育才中学开始逐步打造出自己的品牌,以避免出现和育华学校一荣俱荣、一衰俱衰的局面。学校之后几届的招生已基本独立,因此在2002年育华学校远迁城西时,并未对育才中学产生过多的负面影响。至此,育才中学已经完成从依托到独立的蜕变。

### (二)越而胜己

在新旧世纪交替之际,育才中学抓住从"应试教育"向"素质教育"转轨的契机,充分地发挥民办学校的优势,构建了素质教育的新模式。针对原教育体制"包得过多,统得过死"的弊端,国家对民办学校基本不包,这给民办学校很大的自主权。只要符合社会主义办学方向,遵守国家现行的教育政策法规,教育行政主管部门就不会对民办学校做太多的干预。育才中学自兴办学校的那一天起,就开始对社会需求、办学所能带来的社会效益以及办学的潜在风险进行充足的估计,并在此基础上开始探索和构建适合育才的素质教育的模式。育才积极地改革课程结构,将课程横向地划分为学科课程、活动课程、生活课程和环境课程。学科课程包括工具、知识性课程,旨在进一步开发潜能,促进个性发展,拓展知识领域,提高实践能力;活动课程包括体育活动、课外探究,旨在增强学生的体质健康以及团队合作能力;生活课程包括饮食起居、自理自护、劳动教育、消费教育,旨在让学生学会生活、热爱生活;环境课程包括物态环境和心态环境两个方面,融合审美性、教育性、趣味性于一体。四个课程相互搭配,更好地促进了学生全方位地、深层次地发展。

学校一直严格把控着师资队伍的质量,努力建设一支素质过硬的师资队伍,为学校的教育发展保驾护航。在教师招聘时,学校对教师队伍的年龄、性别、学历、职称等方面都做了严格的考量,民办学校的老师没有国家保障,只有通过引导教师充分认识到民办学校的这个特点,才能增强教师的风险意识和主人翁意识。新教师在进入育才后,老教师的经验分享、为期一年的备课培训都为新教师走上讲台打下坚实的基础。如何给孩子更好的教育?怎样的教育才算是好的教育?这是育才中学的老师一直在思考的问题。在十几年的发展探索中,育才中学的老师们总结出了自己的一套教育方法,归纳为"育才语录六句"。这六句话从教师和学校的角度出发,为我们介绍了育才独特的价值观,值得每一位老师和每一所学校学习。

第一句:舍得在孩子身上花时间。孔子说"逝者如斯夫",每个人的时间都是有限的,因此时间是人最宝贵的财富。一个人如何安排宝贵的时间,直接决定了他生活的质量和事业的高低。衡量一个老师,有很高的指标,也有很低的指标。要判断一个老师是不是一个好老师,用育才的话来表达就是三个"住":在学校待不待得住;在办公室坐不坐得住;在教室里陪不陪得住。这就是"舍得在学生身上花时间"的实质。育才的老师不论风霜雨雪,每天 7 点前到校;通校生全部离校,住校生全部睡下后老师才离校;课前几个小时的三次备课,课后又是几个小时的全批全改和个别辅导;顶着烈日,花去整整一个暑假完成全员家访。慢慢地,育才人提炼出了"敬业是一种习惯"这一价值观。育才的老师们坐得住,抓得实,教得专,学得好。心无旁骛,牢牢抓住"爱学生"这个根本,从校长到老师的每一个人都舍得在孩子身上花时间。

第二句:做到自身能力的极致。在育才,任何工作都是年年有提升,事事有创新,为校园不断增添新意,为师生们不断带去惊喜。运动会入场式、录取仪式、毕业典礼、社团活动、校本课程等等活动,都可以成为提升和创新的主阵地。对工作的高要求自然会倒逼老师们提升自身的素养。镇得住学生的基本功、上得了台面的特长、跟得上时代的英语能力、值得人钦佩的应变能力、处理得了复杂事务的组织能力、担得了重任的负荷能力、受得住琐事的激情快乐、揽得住所有事情的霸气……这是对育才团队中每一个求上进、要发展的教师所提出的要求。当然这并不是要求每一个老师都成为超人，只是想传递一种观念——要做到自身能力的极致。

第三句：向每一所有特点的学校学习。每一所学校都有它的过人之处，仔细去看就会发现，哪怕是乡村只有几个人的学校，都有小而美的地方值得研究借鉴。这样做不是故作谦虚，而是想让育才的老师们始终保持一种创业态度，始终保持一种危机感，这是每一所有追求的学校不断与时俱进所必备的思想状态。把这个道理大而化小，小而化之：年轻老师们向身边每一个有特点的人学习。向名师学习固然是一种快速提高自身教学能力的有效方法，然而与其舍近求远，不如就地取材。只要仔细观察身边的同事，就能发现，有的老师的文笔特别好，有的老师与同事关系特别好，有的老师和学生关系很亲近，有的老师兴趣爱好特别广泛，有的老师生活品质特别高……每一个同事都有自己独到的想法和做法。"向每一所有特点的学校学习，向每一个有特点的同事学习"可以避免功利性。育才人对此特别有体会，当他们把个人和单位估得比较高的时候，出去办事十有八九不会太成功，总觉得别人给他们的待遇和重视不够；反过来，当他们真把自己放低，放到一所民办学校，放到一位普通老师和校长，去跟人打交道，去做事的时候，慢慢地就有了现在的成绩。

第四句："养"得好，"长"得好。"养"和"长"，最初，是老师们对幼儿园教育理念的提炼，后来成为他们对基础教育终极任务的理解。如何"养"得好？直观地讲，就是餐点配送是否营养美味？住宿条件是否舒适安全？校园景观布置是否简洁美观？教室环境是否干净整齐？孩子们是否清爽利落……如何"长"得好？最直观的表现，就是家长在接孩子时，每天看到孩子开开心心地出校门；就是测身高体重时，发现自己的儿子女儿又结实了，身高又长了；就是看到孩子人生有目标、学业有进步、特长有发展、交往有伙伴。学校不仅在教孩子，更在替家长们养孩子。在不增加学生家长负担的前提下，学校食堂推出"八选三"餐制，提前公布学生的一周菜单，接受学生老师及家长的监督。在原有的餐车上加好防护罩，提升了卫生安全防护级别，同时也改善了学生打餐环境。不仅如此，每到打餐时间，打餐点都安排老师值日，他们的主要任务不是管纪律，而是不厌其烦地叮嘱孩子们"多打一点"。"长"得好、"养"得好在住校生身上体现得尤为明显。让老师和家长高兴的是，最近的统计发现，住校班的平均身高和体重等生长发育的各项指标都要比走读班出色。这个"养"，实是指住校生的养，虚是指一个孩子全生态的、内外都有的综合的发展，所以，"养"好才能"长"好。"养"是"长"的基础，"长"是学校义务教育和基础教育的任务。"养"得好，"长"得好；好多时候打动家长的，就是这六个字。一"长"一"养"间，蕴含的是育才对学生成长和发展的关怀，收获的是家长的信任。家长普遍认为，为孩子选择育才是一个非常正确的决策。"养"和"长"这两个字的含义太丰富了。目前，每一所育才系学校都仍在不断地挖掘这句话的内涵，拓宽它的外延。调查统计显示，不仅是育才家长对育才中学的满意度非常高（见图 1.1），甚至"身边的朋友同事对育才的评价也很高"（见图 1.2）。育才赢得了社会和家长的普遍赞誉，90％以上的家长表示"为孩子选择育才是一个非常正确的决策"（见图 1.3）。

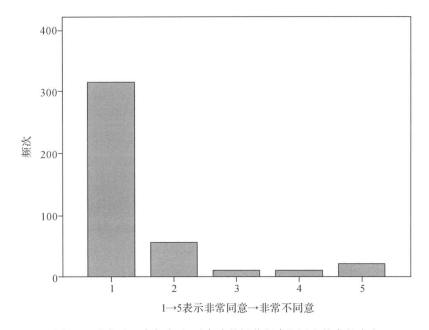

图 1.1 "孩子入读育才后，对育才的评价很高"调查的家长态度

第五句：做学生时努力让自己成长，做老师后努力让学生成长。学校在每年 12 月份都会开展新教师招聘，大量年轻人在壮大着教师队伍。学校的用人标准总原则是"能者上，平者让，庸者下"。只要一个人有能力，就能实现超常规成长。育才的教师平均年龄 32～33 岁，年轻人担任学校领导的不在少数。在育才的老师们做学生的时候，都应该努力让自己成长，学好本

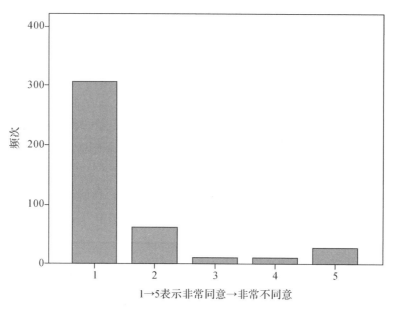

图 1.2 "身边的朋友同事对育才的评价很高"调查的家长态度

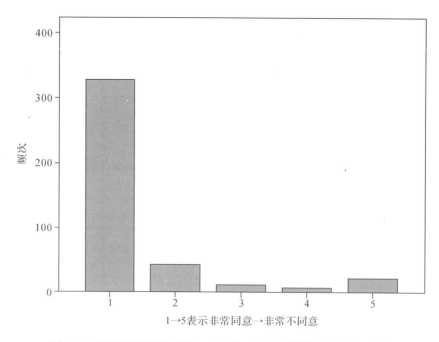

图 1.3 "为孩子选择育才是一个非常正确的决策"调查的家长态度

事,练好基本功。对教师而言,就是会想会说会写会做。经验不足勤奋补,个人不足集体补,能力不足品德补;当老师们走上讲台,他们所有的任务和使命,就是要让学生获得成长,这种成长不仅仅是学业进步,更是为人处世、立身正本的核心素养培养。换个说法,教育成功的定义是:学生的成功就是让自己成长,老师的成功就是让学生成长。学生的成长离不开老师的成长,这是育才独有的"教学相长"。

第六句:中华民族的真正崛起是在中小学老师的课堂上。普法战争时期的德意志元帅毛奇说:"德意志民族的崛起就决定在小学老师的课堂上。"一个半世纪之后的育才人也坚信:不涵盖国家价值观的教育毫无意义!育才中学的老师们都坚信,全国1400万中小学老师必须要成为理想信念的坚守者,成为中华优秀传统文化的传承和发扬者。这就是育才为什么一再要求老师们必须坚守五条价值观和六"不"承诺。老师这个工作是可敬的,细细想来甚至可以说是可怕的,因为学生的成长不可逆,它是不可能从头再来的。1400万中小学老师在课堂上是什么样,学生就会变成什么样;学生变成什么样,国家就会变成什么样。

除了这六句语录外,郜晏中校长还曾对育才的老师提出"姓校、姓教、姓理、姓和、姓实"的要求。

所谓老师"姓校",有三层含义:第一层意思就是老师要扎根于学校,要以校为家;第二层意思是心要静,要在学校待得住,要到校早,要离校晚;第三层意思就是家、校、人三者合一,不分你我,没有彼此。

"姓教"就是要求:老师要把绝大部分的精力放在研究学生,研究教学,研究课堂,研究班级的管理上。上课,校长就要比教导主任上得好,教导主任就要比教研组长上得好,组长们就要比组员上得好,普通老师就要能够有效解决学生的疑难杂症。

"姓理",主要是两层意思:要有理念;要信真理。育才的老师一定要有自己治学、育人的理念,不能人云亦云,做跟风的人,这也是一个优秀的老师的基本素养。而且这些理念一定要经得起时间的检验,一定是科学的,符合时代潮流的。优秀的教师能够根据学生的学情,吸收最优秀的东西,然后结合教育的现状,整合校情、生情、师情,转化成自身的教学理念。

"姓和"就是营造一种和谐的班级文化。《论语》有云"和而不同"。校园是一个传道授业解惑的场所,几千年前的百家争鸣、稷下学风,就是注重分享交流。育才致力于将学校打造成为老师和学生能够发表各种各样的意见，自由、畅快地开展各种学术讨论的场所。基于"和"的学校文化可以是生动活泼的，可以是产生思维碰撞的火花的，也是可能在某些核心价值上形成高度统一的。校园里就应该充满着各种"和谐""和美""和善""和好"……所有一切都是基于老师要"姓和"。

什么是"实"？首先是作风实。育才确定了"样样落实，天天坚持"的校训，就是要求老师不能是只动嘴的甩手掌柜，无论是做人，还是做事，都要踏踏实实，不要唱高调。"实"的第二个内涵就是成果要实，要可见、可触、可闻。香泡奖之所以能够成为校园里最受学生欢迎的奖项，被社会各界所认可，就是因为它的成长和学生成长同步，从挂果到成熟，从青涩到金黄，秋风一来，满树都是累累的硕果，沉甸甸地缀满枝头，那种震撼是无法用语言来表达的。当然，在获得成果前，这个"实"的含义更多地体现在目标上，包括个人目标、团队目标、学校目标。老师要"姓实"，换句话说就是，老师一定要为班级为孩子描绘一个美好的愿景，并且要拥有把美好愿景转化为现实的能力。这5个"姓"是对育才所有教师的约束和要求，也是育才大家庭共同的教育理念。

育才对教师队伍的严格要求不仅为育才的发展奠定了坚实基础，更是凭借此赢得了广泛的社会美誉。调查研究发现，家长对育才教师队伍的认可度极高，将近90％的家长都认为育才的教师专业素养卓越（见图1.4）。在育才看来，教师队伍建设是实现学生梦想的航标，是学生家长对学校放心的根本，是学校生存和发展的保障，只有打造一支优秀的教师队伍，才能切实提高学校教育质量，培养出高素质人才，并最终实现育才的内涵式发展。

育才中学还积极开展党建工作。2017年，育才中学的党委书记郁龙旺前往北京参加中组部组织的全国社会组织党建工作座谈会，并做了15分钟的工作汇报。全国各省、市、自治区党委组织部长副部长以及国家各部委办分管领导参加会议。坐在主席台中间的是中央政治局委员、中央书记处书记、中央组织部部长赵乐际，他发表了讲话并听取了汇报。当时汇报工作的有六家党组织，其中只有两家是基层党组织，一家是北京的德恒律师事务所，另一家就是浙江省育才中学。其余四家都是上海市委、深圳市委、国家国税总局这样高级别的党组织。育才中学的党建工作能够得到中央的肯定，这让每一个育才人都非常自豪。

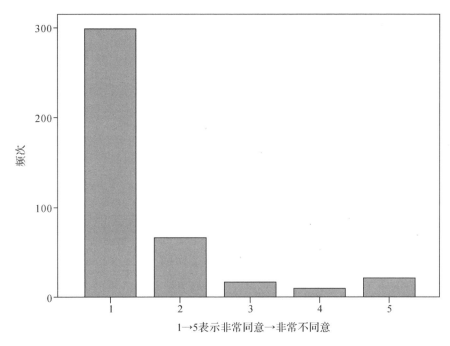

图 1.4 "育才教师专业素养卓越"调查的家长态度

会议的第二天,郁书记又在全国组织干部学校做了一个小时的经验介绍,接下来的几天,全国 70 多家媒体对育才的党建工作做了报道。虽然育才中学是民办集团,其主要领导人郜校长也不是党员,但是他非常支持党建工作,更确切地说,他非常支持爱国爱党的教育。郜校长倡导把爱国爱党教育渗透到每天的教学当中。他认为从某种意义上来说,中小学老师的教育决定了祖国的一代人的价值取向。郜校长有一句话:"民办教育也是党的教育,要自觉接受党的领导,理直气壮地爱党爱国。"当中的理直气壮让每一位育才的党员深受鼓舞。每次制定集团规划、年度工作计划和月度工作安排的时候,党建工作肯定是里面重要的组成部分。学校的党建工作紧扣着学校的中心工作——教育教学开展各项活动,围绕教学抓党建,抓好党建促教学。教育教学和党建工作密不可分,互相促进。在行政的大力支持下,学校的党组织发展得很快,党员也成长得很快。党员在三长,即教研组长、年级组长和备课组长干部当中占了很大的比例。2005 年成立了育才中学党支部,2013 年成立党总支,2014 年成立党委。随着集团办学的一步步推进，党支部也在不断壮大。杭州的 6 所学校、丽水的 4 所学校、衢州的 3 所学校，都建立了党支部或者党总支，育才教育集团党委成为一个跨地市的党委。这在全国的民办学校也是不多见的。育才党建工作的最主要的目的是构建健康向上的党组织，培养实干精英的团队，打造黄金终端——让每一个党员在群众中树立威信，真正地为学校做贡献。

一个单位是否风清气正，决定了它能否走在正确的道路上，并且把路越走越宽。育才的校长和其他领导都认为，社会对教师的期望和对党员的要求是高度契合的。教师要经得起长大后的学生的审视，教师是一个神圣的职业，所以，对于每一个育才的老师都有要遵守的价值观，都有不能破的红线——六不承诺。每学年全体老师都要当着全校学生的面郑重地签署这份承诺。那么，谁来监督和检查"六不"承诺的执行情况呢？集团纪委。由党委书记领衔，纪委委员会定期在各校区巡回，进行学生无记名问卷调查，教师谈话等等，以此来确保育才队伍，尤其是党员队伍的纯洁性。育才一直用价值观在引领教职员工，也用价值观在过滤教师队伍，一旦有不认可、不遵守的老师，那就解除聘用，这对于育才来说不是损失，而是净化和提纯。所以，学校的党建工作的主旨是什么，无非就是四个字——一身正气！

### （三）价值辐射

杭州育才中学创办之后，不仅注重品质的提升，也注重自身影响力的拓展和办学规模的适当扩展。例如，育才中学先后于 2005 年创办杭州市锦绣中学；2007 年创办杭州锦绣·育才中学附属小学；2009 年创办了杭州东南中学、杭州锦绣·育才中学附属学校；2011 年在浙江省丽水市托管承办了遂昌育才中学、遂昌锦绣中学、遂昌育才小学、遂昌育才幼儿园；2013 年底正式在丽水建立丽水育才高中；2014 年又在浙江省衢州市托管承办了常山育才中学、常山育才小学、常山育才幼儿园；2015 年，杭州市育才京杭小学正式开学；2017 年 8 月，青山湖科技城育才小学也正式落成，它也是锦绣育才集团开办的第 15 所学校。集团还在浙江省各地捐建了 8 所希望小学，一个"育才"专项教育基金，构成了庞大的浙江省锦绣·育才教育机构，从横向上看跨越浙江杭州、丽水、衢州 3 个城市，从纵向上看跨越高中、初中、小学、幼儿园 4 个层级，集团化办学事业呈现出蒸蒸日上的态势。

从 2000 年建校初期,育才就将自己的办学目标概括为 12 个字:个性鲜明,全面发展,追求卓越。

"个性鲜明"指的是"抓得实,盯得紧,学得好";"发展全面"指的是学校的三大特色,即"优异稳定的质量,朴素实效的德育,独树一帜的教学";"追求卓越"指的是育才中学能够出思路、定标准,从而成为同类学校的典范之一。在办学目标的指引下,育才突破了困扰众多民办学校的发展瓶颈,稳步前进,收获了良好的社会声誉,更被不少家长称作"代表了中国民办初中的发展方向"(见图 1.5)。

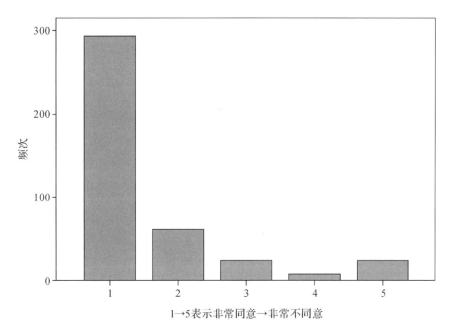

1→5表示非常同意→非常不同意

图 1.5　"育才中学代表了中国民办初中的发展方向"调查的家长态度

近几年,育才把握时代脉搏,开始为"做中国民办教育的一面旗帜,世界基础教育的中国样板"的远航之路谋篇布局。2013 年 8 月,育才联合华东师范大学和全国 20 余所知名中小学校共同发起了"C20 慕课联盟",打造"智慧课堂"。2014 年 10 月,浙江锦绣·育才教育集团党委正式成立,全国首个横跨 3 个地市的民办中小学校党委诞生,223 名党员成为学校发展的中坚力量。2015 年 7 月 2 日,浙江锦绣·育才教育集团十五周年校庆,会上勾勒了未来 5 年"集团化发展、跨省域发展、国际化发展、信息化发展、中心城市发展、延伸服务发展"的宏伟蓝图。2015年10月,全国优秀中学校长思想研讨会(杭州站)暨郙晏中教育思想研讨会在育才隆重召开,郙晏中校长向全国200多位教育专家介绍了"样样落实、天天坚持"八字"教育经"。2015年11月,第二届"明远教育奖"(实践类)花落育才。2015年12月,"样样落实、天天坚持"八字校训亮相第二届"世界互联网大会"浙江宣传片。育才逐渐走出浙江,迈向全国,世界听到了育才的声音。

## 第二章

# 立乎其大:育才理念诠解

教育是一种有温度的人际交往活动。为了教育效能的提升,人们必须依托一定的内容、方法、策略、技术等作为主体之间实现知识、精神交往的中介。但是,所有这些可感、可见的事物背后,有一种对教育和实践影响深刻而持久的潜在力量,它尽管并不是一种可以直接赋形的存在,但却广泛渗透在教育教学活动中。这就是教育理念。理念是人们以语言形式来诠释现象时,所归纳或总结的思想、观念、概念与法则。理念首先是一种具身化的存在,即它是与人同在的,是内在于人的精神世界的。但是,当某一种理念在人际传播,并借助一定的力量成为一种被广泛接纳、认同和信奉的存在时,它就有可能逐渐拓展为一种组织或群体的共享的理念。

## 一、三个顶层理念

顶层理念的概念,是由近年来学术界和公共管理实践中广泛借用的概念"顶层设计"衍生出来的。所谓顶层设计,最初是一个工程学术语,其本义是统筹考虑项目各层次和各要素,追根溯源,统揽全局,在最高层次上寻求问题的解决之道。顶层设计蕴含着 3 个要义:一是顶层决定性,顶层设计是自高端向低端展开的设计方法,核心理念与目标都源自顶层,因此顶层决定底层,高端决定低端;二是整体关联性,顶层设计强调设计对象内部要素之间围绕核心理念和顶层目标所形成的关联、匹配与有机衔接;三是实际可操作性,设计的基本要求是表述简洁明确,设计成果具备实践可行性，因此顶层设计成果应是可实施、可操作的。① 由此，顶层理念，即是具有纲领性和全局性的理念，是理念中处于最顶层，引领其他具体理念并使不同层次的理念得以整体关联和相互协调的理念。育才的理念，是一个系统，其中，处于理念系统顶层的，有 3 个重要理念，他们分别从不同的维度，引领着育才的其他理念和办学实践。

### （一）办学理念：让孩子因为我们而幸福

"理想的教育是：培养真正的人，让每一个自己培养出来的人都能幸福地度过一生，这就是教育应该追求的恒久性、终极性价值。"苏霍姆林斯基的这句话揭示了教育的本质，即教育的本质在于培养人，人的幸福是教育的价值本体和终极目标。育才从初创就一直践行幸福教育，逐渐孕育了"让孩子因为我们而幸福"的办学理念。幸福是一个充满爱和温暖的词汇，让孩子因为育才而幸福，正是育才"幸福教育"的终极目标和价值追求。

幸福是什么？学习是一件幸福的事情吗？这些问题萦绕人们许久。古今中外，不乏对教育与幸福的思考。《论语》中"学而时习之，不亦说乎"彰显出孔子对教育与幸福关系的思考：人能在学习中收获到幸福。亚里士多德认为：既然目的是多样的，而其中有一些是我们为了其他目的而选择的，例如钱财、长笛。总而言之，是工具……只有那种永远因自身而被选择，而绝不为他物的目的，才是绝对最后的。看起来，只有幸福才有资格做绝对最后的，我们永远只是为了它本身而选取它，而绝不是因为其他别的什么。一个人拥有幸福即拥有了生命的意义。又由于幸福与世界的终极相融通，个体会有拥有一切的充实。亚里士多德将幸福视为人唯一的终极目的，体现了亚里士多德的幸福观。

美国斯坦福大学诺丁斯教授提出"幸福应当成为教育的目的"的命题，认为幸福与教育具有内在一致性。教育是培养人的事业，目的在于让人生活更加美好，而工作、金钱、权利、名誉等只不过是人类追寻幸福过程中的手段而已，终极目标仍是幸福。因此，教育不应成为追求金钱和权利的工具，其根本目的应该在于引导和帮助学生寻找幸福，拥有幸福的人生。正如乌

---

① 百度百科"顶层设计"，https://baike.baidu.com/item/顶层设计/6000805？fr=aladdin

申斯基所言:"教育的主要目的在于使学生获得幸福,不能为任何不相干的利益而牺牲这种幸福,这一点当然是毋庸置疑的。"古今中外的至理名言,无不揭示了一点:幸福是唯一目的,是人的终极价值追求,教育以培养人为己任,更应将幸福视为教育的最高目标。也就是说,幸福是教育的价值本体和终极目标,虽然幸福没法测量,但却可以在真实的教育实践中感知,热烈讨论的课堂,丰富多彩的活动,和谐的师生关系,这一幕幕都是教育想要创造和实现的。

反观我国现实中的中小学教育,"不幸福"成为一种常态。沉重的书包,凝重的面庞,学生迫于学业压力,课余奔赴各大补习机构;教师不仅要面对巨大的教学压力,纷繁复杂的教育改革更需要教师利用自己更多的课余时间去配合。不合理的教育理念造就了教师不能"幸福地教",学生不能"幸福地学",不幸福成为学生和教师的一种常态。可以说,"教育"与"幸福"相去甚远。人们通常认为,学习本就是辛苦的事情,先苦而后能甜。这种看法是将成功看作"甜",奋斗的过程看作"苦"。其实不然,学习不仅能创造幸福的结果,其本身更应该是一件令人幸福的活动,学校应该成为学生幸福的大本营,这可以体现在以下两个方面:第一,"让学生在幸福中成长",学校要为学生创造幸福的教育场所,营造幸福的教育氛围。如果仅仅为了完成教学任务,取得好的教学成绩,这种数字上的成功并不代表教育的成功,相反,以学生牺牲幸福来换取成绩的教育是真真切切失败的,是违背教育本质的。因此,学校不能将学习和考试视作"洪水猛兽"而要营造轻松愉快的学习氛围,让学生在这种氛围下感受到学习的幸福。第二,"让学生幸福地享受着学校中的一切",这意味着对学生幸福观的培养,使其能真真切切地感受到生活中的幸福。培养阳光、快乐和坚毅的少年正是教育要追求的目标,也是教育追求"幸福价值"的生动体现。

育才创造了独特的"让孩子因为我们而幸福"办学理念,其独特性在于3个层次。

第一,幸福生长——校园幸福文化。育才极力打造校园幸福文化,以学生幸福成长为价值导向,重视物化环境的人文化建设,发挥物化环境的育人功能。校园文化墙、校园景观、活动场所布局等,都体现关注学生幸福成长的理念。育才努力营造和谐、文明、活泼、轻松、乐观的校园文化氛围,让学生在校园中有一种幸福温暖、积极乐观、身心释放的心理感受;营造师生之间、生生之间的民主、互信、互敬、友好、亲善等和谐人际关系。这使得学生不再是那种身心紧张、疲惫的状态，校园也不再是那种全员"备战"、竞争、条例、管制的硬性环境。这种校园文化建设，能够让学生产生归属感、安全感、信任感，能够让学生浸润在幸福校园文化中幸福生长。

第二，幸福地学——学生幸福成长。顾明远先生说："没有爱就没有教育，没有兴趣就没有学习。没有爱的教育，不是真的教育，一个没有爱的学校，自然也称不上好学校。"顾先生曾在育才留下墨宝——"为了孩子的幸福"，这七个字直接影响了育才"让孩子因为我们而幸福"这一教育理念的形成。教育的主体是学生，把学生放在核心位置，让学生幸福地学，育才有其独特的法宝。首先，独特的理念。"养得好，长得好"是育才对基础教育终极任务的理解，学校对家长和学生负责，让学生在学校中幸福成长。把学生"养好"，餐点配送营养美味，住宿条件舒适安全，校园景观布置简洁美观，教室环境干净整齐，孩子们清爽利落；孩子们"长好"，心理健康，人生有目标、学业有进步、特长有发展、交往有伙伴。育才"养得好，长得好"的独特理念，保障了学生在校的幸福生活。其次，独特的设计。学生幸福目标的达成需要设计，育才设计学校生活，让学生爱上学校的活动，喜欢上学校的伙伴，喜欢上学校的社团，最后喜欢上学校的语文数学老师，而考试学科是摆在最后的。这种独特的逐级设计让孩子在优美的校园环境里、在精彩的课堂里、在丰富的活动里获得幸福。再次，独特的活动内容。育才通过丰富多样的经典活动让学生感受到尊重和幸福，男篮女舞、无作业日、生日面和香泡奖等等，这些活动能够吸引学生，是因为育才贴近学生，从学生的心出发，想学生之所想，最终取得好的教育效果。育才中学，建有3个独特的篮球场，第一个球场名为充满梦想，第二个球场名为实现梦想，第三个球场名为超越梦想，用这些命名来代表孩子奋斗的3个阶段。梦想球场将普通篮球筐降了0.6米、0.4米及0.2米，让全校的男孩子都可以在这个球场上完成他的人生第一扣。这么一个微小的设计，其教育效果是深远的。它帮助孩子树立了自信。从学生出发，才能真正知道孩子需要的是什么；从学生的需求出发，办适合儿童个性和发展需求的教育，才是美好的教育。

第三，幸福地教——教师幸福发展。教师是教育的重要施教主体，教师的教育理念至关重要。一方面，教师是否将学生的幸福作为自己的教育理念和价值追求，关乎幸福教育的效果。如果教师认为教育的价值倾向于学生成绩和分数的高低,教师在教育教学实践中就会集中精力来提升学生的成绩和分数,幸福被抛到一边了。这样一来,不仅教师因为无法发挥创造力而缺乏幸福感和成就感;学生也会因为整日为了分数苦读而缺乏学习幸福感。育才要求教师认同学校的办学理念,将学生幸福作为教育的本体价值和终极目标,进而贯彻到教育实践中。另一方面,教师的一言一行深深影响着学生。育才的教师团队相信,老师的幸福落脚点在于身体要好、待遇要好、吃的要好、业务要好、成果要显著、同事关系要好等等。育才珍惜教师这一宝贵的资源,创造条件促进教师专业发展,让教师在育才"幸福地教"。

历经多年的发展与积淀,育才"让孩子因为我们而幸福"的办学理念早已深入育才人的内心,并被他们自觉内化于行动之中。同时伴随着社会对"以人为本"教育理念的呼唤,育才的办学理念也焕发出更大的凝聚力与感召力。一方面,育才的办学理念吸引了大批教师加入育才。调查研究发现,有78.5%的教师选择育才,主要是因为认同育才的理念(见图2.1)。另一方面,这一理念也日益为更多的家长所接受和认可,90.5%的家长坦言,对育才教育理念的认同,是他们为孩子选择育才中学的最主要的理由(见图2.2)。

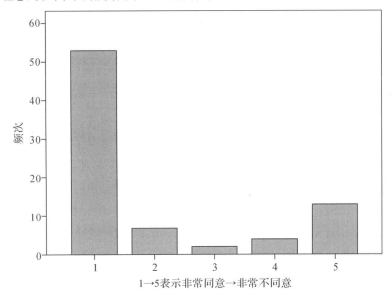

图2.1　"选择做育才教师,主要是认同育才理念"调查的教师态度

由此可见,在不少学校盲目追求成绩本位的大环境下,育才办学理念背后所凸显的对学生成长的关爱、对教师专业发展的强调、对教育终极价值的追求是值得肯定和赞扬的。

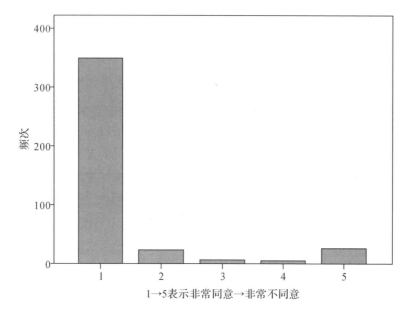

1→5表示非常同意→非常不同意

图 2.2 "认同育才理念"调查的家长态度

育才的办学理念不是仰望星空,而是脚踏实地将其蕴含在师生目标的实现过程中。将理念落地并贯彻到每一步行动,是育才的独特经验。育才倡导坚毅教育,培养学生的成长性思维,遇到挫折,直面挑战,不断克服困难,在进步过程中获得幸福感,并且为师生克服困难制定了一些规范。例如制定目标函数,将一年的工作设计为"29级台阶"分步骤进行;育才每个教师都有五年规划,每个部门都有年度目标,每个阶段都有学习计划。正是通过设置合理的阶段性目标,育才师生在点滴的进步过程中体味到幸福。

培养幸福的人,是教育终极目标和价值追求,育才对幸福理念的实践探索,让育才人在"幸福的氛围"中"幸福地教""幸福地学",这种基于幸福教育理念的实践探索,对基础教育改革和发展而言,是一种可贵的尝试。

### （二）校训：样样落实，天天坚持

样样落实，天天坚持，这敦厚朴实的校训来源于育才建校的经验，是深埋在育才人心中的种子慢慢成长发芽，成为育才人为人处世的准则。准则的意义就在于，做事始终以准则为标准，学生、教师、管理者都始终铭记校训，成为一种育才文化，并一直延续下来，融入每一位育才人的血液中。

在《辞海》中，"落实"意为计划、措施、统计数字等通过周密的研究，达到具体明确、切实可行。"落实"又解释为结出果实、贯彻、确定、切实、安稳和踏实。总体来看，落实意味着明确目标，制定切实的措施，并且贯彻始终，完成工作任务。由于抓落实的力度有轻重，办事情的质量有好坏，干工作的效率有高低。有些事情虽然也在干，却没能达到理想预期，有的虽然天天喊落实，却未必落到实处，即"言论的巨人，行动的矮子"。同理，教育工作，也是一分部署，九分落实。没有落实，再完善的制度也是一纸空文，再理想的目标也不会实现，再正确的决策也不会发挥其应有的作用。教育应遵道而行，教育之道在于遵循孩子的身心发展规律和教育教学规律，教育能够成就的最大功德，就是让每个孩子与生俱来的潜能得到最大限度的发挥。

一栋建筑的基础厚薄不均，就难以做到均衡承重；偏重于分数奠基，学生的人生大厦就容易倾斜。教育者应眷注精神，育人教书，注重学生的精神奠基。育才将"落实"提升到"样样落实"，旨在学生成长的过程中，按国家教育方针、教育规律和学生身心发展规律，对他们的思想、学习、生活、身体和心理等诸多方面提出的每一项具体要求，从学生进校的第一天开始都以明确的目标，切实的措施贯彻始终，师生都要言行一致，落到实处。如果当下做不到，宁可不提，不能让学生养成对学校要求无所谓、当作"耳边风"的习性。能做到的，一定要竭尽全力去完成。让落实、踏实、扎实、笃实、致实这些词语，铭刻在心头上，融化在血液中，镶嵌在骨子里，进而落实到行动中。

育才将事事都落实到"老师的教，学生的学，行政的管，家长的合"中的每一个环节；做事不仅要落到实处，还需"天天坚持"。孔子曰："三军可夺帅也，匹夫不可夺志也。"志为气之神，气为志之形，志为气之帅，气为志之用，志持于内，气动于外，志以动气，气以实志。美国卡耐基曾言：朝着一定的目标走去是"志"，一鼓作气走到底，中途绝不停止是"气"，两者结合起来就是"志气"，一切事业的成败都取决于此。现在的孩子大多都有自己的人生目标,志向高远。通常教育中也重视"志"而轻视"气",但志向毕竟还是"知"的东西,是人文社会的衍生物,是本能需要之外的,没有迫切性,往往并非出于本心,非自愿,从需要层次上说,是"次要"的。由此,就导致了实现志向的力量强度不够,表现为志长气短,甚至有志无气。而人生来就有好逸恶劳、避苦求乐的倾向,而践行志向要"劳",有时也不那么快乐。令人纠结的是,人天生的避苦求乐倾向往往强过大多数人的意志,从而使得人的潜能得不到发挥。后天的意志力培养,大部分用来压制住先天的惰性,少部分余力践行志向。志长气短的本质,就是有远大理想而缺少坚持,没有落实。

教育必须从未来往现在想,同时又必须脚踏实地,从现在往未来做。育才提出志气凝练的"四个坚持",从高往低依次为信仰坚持,原则坚持,规范坚持,习惯坚持。在操作层面从低往高做,由习惯坚持,规范坚持,原则坚持到信仰坚持。育才人相信,能不能每天一个样,从踏入育才的那一天起,一直坚持到毕业离校前的最后一天。这也是学校能否取得成功的一个关键所在。志气就是一种坚持,天天坚持指的就是基于坚定的文化信仰而确立的基本习惯、基本规范必须每天坚持,绝不退让。育才要求学生能贯通志向与志气,成为一个习惯坚持,规范坚持,原则坚持到信仰坚持的人。

育才"样样落实、天天坚持"的理念,是育才人行动的指导原则。这一指导原则,渗透进了育才管理、教育教学的全部环节,也是对学校全部相关主体的一种规约。

"样样落实、天天坚持"首先是对学校教育中所有主体的一种规约。例如,育才校长郜晏中就是学校执行"样样落实,天天坚持"的典范。他每天6:30一定到校;每天7:00之前一定在学校大门口迎接到校的师生,风雨无阻,没有耽搁过一天;从未拿过家长一份礼,吃过一次饭,办过一件私事;每月召开十几个质量分析会,次次精心准备,认真记录,用心发言。育才教师以身作则,每天早晨7:00之前到校,傍晚6:00—7:00离校是常事;备课、辅导、补缺,个个落实,人人抢先;三伏酷暑家访,从无怨言;要求学生理平头,育才男老师也个个带头"从头做起"。育才的核心竞争力就在于这一支具有高度执行力和凝聚力的队伍。他们对学校饱含感情,充分认同学校的教育理念;同时又对工作充满激情,能沉得住气、静得下心,耐得住平凡工作的烦琐、重复,还能对学生们的成长倾注足够的爱和关怀;把敬业当作一种习惯,把工作当作一种享受。他们践行"事事画圆",有布置就有检查,有检查就有评价，有评价就有反馈，有反馈就有调整。育才人求实的态度、朴实的作风、务实的管理、踏实的执行，创造出了实实在在的教育业绩，也正是在不断自我实现的过程中，育才人才真正体味到一种教育创造者的高层次的幸福和欢乐。正是在育才校训的感召力下，作为育才中坚力量的教师做好了学生们的表率。有了校长、教师的表率，育才的学生们也将"样样落实、天天坚持"内化于心，成为自己做事的准则。学生在育才的 3 年，没有突击，没有临阵磨枪，三年如一日，天天坚持一个标准，这种日常积累为育才学子取得优异成绩奠定了坚实的基础。

"样样落实、天天坚持"落实到教育中的各个层面。

第一，抓教学质量样样落实、天天坚持，全校上下树立起质量意识。让每一名教职工在清楚认识到质量是学校的生命线，随时都有可能经历风险的基础上，自觉地、高质量地完成本职工作。

第二，抓行为习惯样样落实、天天坚持，基础教育的根本任务是要实现受教育者人格的提升。对于一个学生来说，仅仅掌握了应该掌握的知识并不能等同已经成才。行为养成习惯，习惯形成品质，品质将决定一个人的命运。良好的行为习惯是一个人获得成功的前提。学校教育理所当然应承担起培养学生优良品质的责任。抓行为习惯最基本，也是最重要的一环是对学生实施养成教育。养成教育涉及方方面面，从学生听课、独立作业、自学习惯，到做操、集会、用餐、活动、上学、放学等方面的行为习惯都是养成教育的内容。养成教育重在事事抓、处处抓，贵在时时抓、人人抓。除了在集体场合，班主任和值日老师监督执行外，在课间休息、课外活动乃至校内外任何场合，学校教职工只要见到学生有不良行为都应该随时提醒，力求营造一个良好的文化氛围，潜移默化，不断地熏陶，使学生逐渐形成优良的品质。

第三，为学生和家长服务样样落实、天天坚持。为学生服务，为家长服务不仅是姿态，也不仅是礼貌，而是一种办学的理念——学生和家长是学校共同的主人。为学生服务最根本的是发自内心对学生的关心爱护，要通过教职工的一言一行，让学生在鼓励声中成长，在充满自信中前进。在为家长与学生服务时"莫以事小而不为，莫以事烦而不为，莫以事难而不为"。样样落实，天天坚持，必有成效。

第四，科学管理样样落实、天天坚持。学校的一切工作的成效都离不开科学、有效的管理。要建设一所精品学校，管理理念、管理模式和管理手段的改进至关重要。育才按照"有效是检验管理的唯一标准"的理念,学校管理的两个层面——决策层和执行层——有分有合。首先,在学校工作的关键环节——教学质量上实行扁平式的管理。校长直接领导各学科教研组长和年级组长,教导处只负责平时教学事务。各学科教学任务的布置、检查,各年级学科质量的分析、评价,教学改进措施的制定,教学经验的推广等由校长直接负责,以保证全校教学工作的及时调控。其次,采用动态管理的模式,是反馈最及时、调控最有效的模式。决策—执行—反馈—再决策—再执行—再反馈。最后,学校管理的最终目的是需要实现教育质量的提升,强制的手段虽能在教学秩序的形成过程中起到明显的作用,但实现教育质量的提升必须依靠激励的手段。对教师而言,进行学科质量自我管理是最根本、最有效的质量管理方法。"学高为师,身正为范"作为每一位教师的座右铭,规范着他们在校的一言一行。教师是为学生服务的,学校是为学生,也是为教师服务的。从某种意义上说,学校主要是为教师的工作提供良好的教育环境和各种工作条件。在教育参考资料、教学论文的评选与推荐方面,学校都将全力以赴给予支持。"一枝独秀不是春,百花齐放春满园",学校鼓励所有的教师在本职岗位上探索、创新,做出贡献。学校一切工作都要保证学生"在鼓励声中成长,在充满自信中前进"。学生是教学的主体,教学质量的好坏除了学校的管理和教师的敬业,更重要的是取决于学生的自信心和主动精神。为此,学校要把培养学生主动学习精神、提高学习能力作为课堂教学模式改革的着眼点。提倡和鼓励教师在课堂教学中开展师生互动,鼓励、赞扬学生对知识的探究精神。

第五,教育科研样样落实、天天坚持。要创建精品学校不仅靠日复一日,年复一年地实干和苦干,还要靠对教育和教学规律的不断探索和实践。一方面继承和运用传统的教育经验和教学手段,比如重视狠抓学生的行为规范,落实"备、教、辅、改、析"5个教学环节的要求;另一方面必须针对教育和教学过程中出现的新问题,掌握它们的规律,进而采取有效的措施加以解决。

"样样落实、天天坚持"作为校训,不是一句空头口号,而是学校建设和运行的指导原则。校训不仅挂在每个教室的墙上,更是铭刻在每位师生的心头,被作为指导工作、学习、生活的准则来信奉和遵守。反映到整个学校的办学实践层次,校训的实施效果也是十分明显的,在调查中,有76%的教师(见图 2.3)和 90.6％的家长(见图 2.4)都表示"样样落实、天天坚持"的校训在办学实践中有明显体现,他们清晰地感受到育才人身上独特的精神风貌。而这种精神风貌又进一步造就了育才鲜明的个性特征,杭州人眼中的

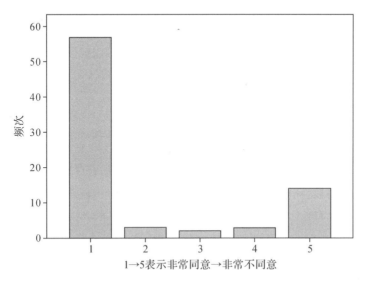

图 2.3 "育才校训'样样落实,天天坚持'在办学实践中
有明显体现"调查的教师态度

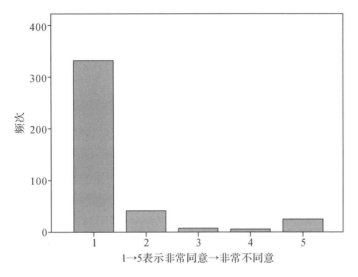

图 2.4 "育才校训'样样落实,天天坚持'在办学实践中
有明显体现"调查的家长态度

育才"抓得很紧,老师盯得比家长牢,教学质量不错";育才学生"小平头,有礼貌";育才老师"敬业爱岗,一身正气,服务好,对孩子和家长好"。这些都是校训赋予育才人非常鲜明的育才特质。

正是因为育才成型的体系管理方法,让校训落地,而做出来的效果又在反哺着育才的校训文化。经过十几年积淀,"样样落实、天天坚持"已经成为育才的识别码。2015 年,在乌镇举行的世界互联网大会上,育才八字校训入镜浙江省委宣传片,在大会上播放。随着学校影响力的不断扩大,育才人还在努力提炼更具中国特色的教育理念,为世界基础教育贡献中国声音。

### (三)办学目标:中国民办教育的一面旗帜,世界基础教育的中国样板

教育是重要的民生工程,不仅影响着个人,更决定着整个社会的发展与繁荣。而基础教育作为造就人才和提高国民素质的奠基工程,更是在当今教育改革中占有重要地位。育才有宏大的教育愿景,要成为中国民办教育的一面旗帜,成为世界基础教育的中国样板,这是育才责任感和使命感的生动体现。随着社会经济的发展,人们对于优质教育的需求是越来越大,在国家推进教育均衡发展的背景下,民办教育将成为提供优质教育的重要来源,这给育才提供了广阔的发展空间。为人民办优质教育,这是民办教育发展的康庄大道。另外,随着中国的崛起和与西方世界对话的深入,育才的国际化视野与国际化战略将推动育才将中国基础教育的声音带到世界,以此分享基础教育学校改革和发展的中国经验和中国智慧。

育才将宏大的教育愿景分成具体可行的教育目标。当目标具体和细化时,更有利于宏大教育愿景的实现。育才谋求自身发展的长远目标就是要做老百姓的口碑,做行业的品牌,做基业长青的教育集团。将宏大的教育愿景落实到教育实践中,就是让育才幼儿园的小朋友"养得好,长得好",要让育才小学的孩子"充满梦想",要让育才中学的孩子们为"实现梦想""超越梦想"夯实基础。落实到教育主体上,育才教育的愿景,就是为中国培养一大批具备广博学识、出众能力、强健体魄、端正人品、顽强意志、崇高信念的优秀人才,让育才的老师都能够过上一种听雨品茗、倚窗抚琴、踏雪寻梅、坐而论道的优雅生活。当然,育才的宏大教育愿景仍需继续前行,创办高中,走出浙江,迈入国际化。

生情、师情、校情不断随着时代在改变,育才要如何才能实现教育愿景,

可持续发展,基业长青？育才的回答是:首先要"方向对"。教育的目的是什么？实现教育目的的方式是什么？育才有自己的独特答案:教育理念是"让孩子因为我们而幸福",办学目标是"做中国民办教育的一面旗帜,世界基础教育的中国样板",这对育才的长远发展提供了明确的指引。其次要"定力强"。育才在办学初就认准了基础教育领域,始终专注于做深、做精基础教育。围绕基础教育,拓展学前教育,探索国际教育,最终打通一条完整的基础教育链条。再次要"人心齐"。育才一直在吸收、培养、团结一批认可育才文化、爱校如家的志同道合者。唯有志同道合,才能将校园文化融入自身教育实践,才能齐心协力,心往一处想,劲往一处使。然后要"工作实"。大道至简,育才的"本"就在于"样样落实、天天坚持"的校训,让敬业成为一种习惯,才能在平凡的岗位创造不平凡的价值。继而要"策略当"。从 16 个老教师发展到1000 多名教职员工,育才始终坚持依靠教师办学,通过师徒结对培养新人,传承精神,充分发挥年轻教师的可塑性,促进教师专业发展,持续改进教学理念和教学方式,以期"决胜课堂",引领教育发展新方向。最后要"服务好"。无论是精美的录取通知书,还是每一本私人订制的作业;无论是风雨长廊,还是周到的家长服务中心;无论是可口的生日面,还是热闹的梦想球场……育才的每一项服务都要做到自身能力的极致,为学生和家长服务,真正做到"服务至上"。

办成一所学校不稀奇,办好15 所学校就意义非凡,可复制的育才办学模式成了育才的标签。育才的经验在哪里？育才将其阶段性的发展经验概括为 5 个方面:定位——扬长避短、找准切口;起步——起步依托、发展独立;招生——坚持标准、宁缺毋滥;管理——样样落实、天天坚持;发展——适度规模、多点发展。

教育是一门值得深入研究的艺术。育才在坚持"让孩子因为我们而幸福"的理念下,不断探究教育经验,探索办学模式,样样落实,天天坚持,让幸福延伸下去。育才有着坚定的教育信仰,相信教育的功能和价值,相信基础教育能让个人、民族和国家变得美好,就是这样教育的信仰,滋养出了特色鲜明的育才文化。育才以大格局、高标准为要求,广泛吸收他者的优秀之处,向每一个有特点的人学习,向每一所有特点的学校学习,鼓励师生在更重要的岗位创造最大的价值。正是依靠"优异稳定的质量,朴素实效的德育,独树一帜的教学"这三大特色,使得育才能够出思路、定标准,成为同类学校中的典范。当然，育才也会踌躇满志，继续坚持，不断进取，努力成为"中国民办基础教育的一面旗帜，世界基础教育的中国样板"！

# 二、"五个价值观"

文化是一所学校的灵魂，是一所学校特有的文化特质，也是区别于其他学校的内在标识。中国教育历来都重视文化建设，《大学》里说"大学之道，在明明德，在亲民，在止于至善"。《学记》有言"一年视离经辨志，三年视敬业乐群，五年视博习亲师，七年视论学取友，谓之小成。九年知类通达，强立而不反，谓之大成"。学校文化建设的核心正是价值观建设，学校价值观就是有关学校价值的一整套看法或观念，学校价值观建设是学校文化建设的一个重要组成部分。育才极为重视校园的文化建设，其文化基因就在于它的"5个价值观"。这些价值观深深嵌入学校文化中，在育才中学发展面临困难和挫折时发挥了凝聚共识的作用。

## （一）一身正气

育才将一身正气作为育才中学的第一价值观。正气是立身之本，也是中华民族的优良传统。"养浩然正气""一点浩然气，千里快哉风"，正气应成为一个人为人处世的第一原则。第一价值观凸显了一个学校的品性，也可能在一定程度上决定育才学子的一生。一个人的激情、动力、追求都来自于第一价值观。一所学校会形成什么样的氛围，什么样的学风、教风，什么样的家长口碑，也都决定于学校确立和坚守的是怎样的第一价值观，并能否使之成为全体员工的共识，从而让每一个人能围绕它做正确的事。

正是在这样的思考之下，育才中学、锦绣中学的全体教职员工展开了深入的大讨论，最后达成共识：育才、锦绣人的第一价值观是"办一所一身正气的百年名校"。将一身正气贯彻到教育行动中，从不额外收取一分赞助费（虽然仅此一项育才每年至少放弃1000万元的收入）；尽管拮据却仍慷慨援建4所希望小学；教师人人和学校签订"六不"承诺书，师德师风有口皆碑；教师队伍勤奋敬业，永远激情澎湃；学生个个以校为荣。这一切都来源于育才的第一价值观。一身正气，从倡导逐渐内化为育才人的习惯，为社会培养出一身正气的下一代学子，是贯彻在育才人血液中第一价值观的体现。

将一身正气作为第一价值观，育才人有自己的考量。教育是值得敬畏的事业，受儒家文化的影响，天地君亲师，师在学生心中位置是极高的，是学生模仿学习的对象，更是学生为人处世的标准参考。育才对于德育有极高的要求，要求全员德育，全程德育。育才教师普遍认同的信念是：学校无闲人，人人都育人；学校无闲时，时时都育人；学校无闲处，处处都育人；学校无闲事，事事都育人。教师做到一身正气，为学生做好表率，让学生养成一身正气的价值观，扣好人生第一颗纽扣，打造充满正气的学校文化，整个教育就浸在积极向上的氛围中了。

现实生活中不正气的氛围，影响到整个社会的正气和道德。学校是学生社会化的重要场所，养成学生的人格和价值观是学校的重要任务，一身正气是社会主义核心价值观的要求，也是公民基本道德规范的要求，育才将学生人格培养当作自己的教育目标，为社会和国家培养道德素养高的新一代人才。

**(二)敬业是一种习惯**

"敬"是"苟"的繁化，本义是认真做事；"业"本义为古代悬挂乐器架子横梁上的大版，设业奏乐乃盛大敬慎之事，故引申为敬慎，如"兢兢业业"。现在，我们所谓的敬业一般是指对工作认真负责，尊敬自己的职业，亦如朱熹"专心致志以事其业"。敬业是对各行各业人员的要求，对教育工作者来讲，敬业尤其重要，《国家中长期教育改革和发展规划纲要（2010—2020）》中强调，要"把提高质量作为教育改革发展的核心任务，树立以提高质量为核心的教育发展观"，教育质量的提高关键在于教师的素质。敬业是教师的重要素质，是学校教育成功的关键。

敬业之于教师，不仅是按时上下班，认真完成教学任务，更在于智慧、情感和道德的投入。在育才，敬业首先不是一种美德，而是一种习惯。

敬业首要的一点就是时间和精力的投入。一个人对时间的合理规划，决定了生活的质量和事业的高低。当敬业成为育才教师的习惯，所有为孩子们的付出就不是辛苦，而是一种幸福。行为养成习惯，习惯形成品质，品质决定命运。养成育才人敬业的习惯，育才有一套自己的策略。首先，其敬业在于育才文化中的高标准严要求，管理层、教师和学生都自觉起到表率示范作用，做到自身极致。其次，其敬业在于将校训"样样落实，天天坚持"贯彻到教育的各个环节,基础教育不仅在于掌握知识,更在于受教育者习惯的养成。育才教师积极践行对学生实施方方面面的养成教育,从学生听课、独立作业、自学的习惯,到做操、集会、用餐、活动、上学和放学等方面都事无巨细地帮助学生养成好的行为习惯。再次,其敬业表现为采取多样措施促进教师专业发展。随着我国基础教育改革的逐渐深化,相应的对教师能力的要求也在不断提高。敬业的教师必然要根据新形势要求,保证自身专业化发展,不断提升镇得住学生的基本功、上得了台面的特长、跟得上时代的英语能力、值得人钦佩的应变能力、处理得了复杂事务的组织能力、受得住琐事的激情快乐、担得了重任的负荷能力、揽得住所有事情的霸气等自身综合素质。这就是对育才团队中每一位求上进、要发展的教师所提出的要求,也是育才教师们积极践行的敬业举措。比如说,一次考试的质量分析会从 4 个层面进行,从学生、老师个人层面到班级、备课组层面,从教研组、年级组层面再到校区、集团层面。备课组的质量分析会,利用智学网大数据精准定位每一位学生、每一小题的失分;班主任牵头的搭班老师会,能整体把脉学生综合学习状态;小型分批家长会,明确地告诉孩子与家长该做什么、怎么做;期中质分大会更有学术顾问、省市教研员高手指点,让老师们功力大增。"敬业是一种习惯",把每一件事都做到能力的极致,才造就育才高质量的教学效果。

### (三)激情快乐

"想望教好的教师可能在大多数情况下都是志向更高和激情奔放的。伟大至少一部分出自天赋,这是无法传播的。然而,伟大的教师一定是有激情的教师。"美国著名教授理查德·威伍的这句话,意味着激情是伟大教师的必备素质之一,教育这个工作没有激情不能说无法胜任,但一定不会做得优秀。激情快乐是育才教师对待教育的特殊态度,在育才特别推崇这样一个观点:让学生"感谢中考、欣赏中考、享受中考",不将中考视为"怪兽",反而以积极的态度感谢中考给了他们公平竞争的机会,欣赏在迎接中考过程中的种种历练,进而享受自己的各种成长。让老师"感谢工作,欣赏工作,享受工作",不将教学视为"难事",以乐观向上的态度让自己和同事永远处于创业状态,成为别人的快乐源,快乐自己,感染同事,影响学生。

保持激情对于学校创业、教师教学、学生学习都有极大的激励作用。首先,激情快乐让育才始终保持创业初心。杰克·韦尔奇说:管理者要能让所有的员工都觉得我们有成为巨人的可能。而当员工们参与了努力成为巨人的这件事,那他每天早上就会迫不及待地醒来,像一个追风少年一样,一路小跑着,欢快地去做每一件事。育才的目标是要做百年名校。育才将学校的目标与教师的目标联系起来,落实到每一位教师的工作和成长中,让教师保持创业心态,使得激情快乐在目标的实现过程中贯彻到底。其次,保持激情让教师教学更富魅力。教师的魅力在于激情,激情可以激发创造力。没有激情的课堂,激不起学生的兴趣,触动不了学生的思维,开发不了学生的潜能。激情快乐将一改沉闷的课堂和校园环境,让学生学习充满活力,积极参与课堂和活动,主动构建知识,从被动到自觉再到自发,学生学习效果更佳。

育才在使教师保持激情快乐方面有其独特的秘诀。

第一,将激情快乐作为一种师生认同的价值观。工作的意义就是我们真的确立了我们的教育信仰,相信基础教育的功能和价值,相信教育能让个人、国家和民族变得美好。相信教育工作的意义和价值,才能够让自己保持激情快乐的工作状态,充满活力地投入教育中。此外,教师要真心爱学生,要有幽默感,要营造教学的互动过程,热爱所教科目,积极应对挫折与风险,这样才能在教学中迸发出源源不断的激情。

第二,促进师徒结对。青年教师是学校的未来和希望,青年教师的思想、政治、业务素质将决定学校的发展前途和命运。育才有完善的促进教师超常规成长的制度体系,通过师徒结对以及为教师发展提供空间和渠道,为新教师指定骨干教师、优秀班主任带教,这是传承育才文化价值观、培育育才名师的有效路径。

第三,活动中保持激情。育才大力发展体育,由育才老师组成的教工男子篮球队是学校的"王牌",篮球不仅是锻炼身体的运动,更是在人格养成的重要时期培养孩子形成团结、拼搏和坚持的积极向上的精神的运动。篮球让老师在工作中保持激情,让孩子们在拼搏中享受快乐。

**(四)决胜课堂**

基础教育阶段,课堂教学总课时大致占学生在校活动时间的 3/4 以上,是最主要的教育场,只有抓住课堂教学,才能掌握教育的主动权,才能真正提高教学质量。"课上学好,课下玩好",只有把握住课堂,才能掌握好教育。决胜课堂,是育才的办学理念,也是其教育成功的重要原因。

育才能够决胜课堂,首先在于课程建设。学校十分注重课程建设,围绕人文修养、科学素养、健康艺术、国际理解和社会交往五大课程领域,设置了学写作、玩数学、小创客等橘娃娃系列课程以及"男篮女舞",力求满足学生发展的多样性和选择性,体现了学校的办学特色,凸显了个性化的教育。科学多样的课程建设是决胜课堂的内容基础。

其次在于教师超常规成长。教师是教育的重要主体,教学是一项复杂的工作,为了更好地胜任这份工作,教师也要不断促进自身专业发展,而育才为教师超常规成长创造条件。通过集体谈论,育才尽可能让所有教师参与问题解决过程和角色制定过程,为每个人创造学习和发展的机会,以期创建思考型的教师团队,这对学校的持续进步是至关重要的。校长手把手地教新手教师上好每一堂公开课,甚至是每一节日常的课;老教师也同新手教师一起探讨课堂教学;每月一次的语文、数学、英语、科学质量分析会,校长也都是亲自到场主持。新手教师与专家教师在具体教育实践活动中互帮互助,有效帮助新手教师成长。从 2013 年起,育才开始举办"好课对抗赛",全集团教师共同参与角逐。经过逐级选拔,最终决出 10 位优秀教师,每位教师获得 1 万元的奖金。在层层的赛课活动中,教师们磨课、开课、听课、评课,不断地汲取营养,提升自己的教学水平。在育才,"一万元"不仅是一堂好课的价值,更是学校对课堂这一教师安身立命的根本的重视,是"课大于天"理念的体现。如图 2.5 所示,通过这些校内教研活动,80% 以上的教师都表示自己的专业能力得到了很好的发展,同时,这种同伴间的监督和竞争也不断促使他们重视自身专业素质和教学水平的提高。教师的注意力自然转移到课堂上,并能够自发地专心做业务,使得教师在日常教学中能够真正地得到锻炼,不断提升教育教学水平,提升职业素养。

再次在于教师做好充足教学准备。教学准备是决胜课堂的前提,对此,育才有自己的经验。第一,备课分工合作,各取所长。备课组集体备课时,先全组精备一部分内容,每人再备自己最擅长的课型,然后全组资源共享。决胜课堂的前提在于教师的备课,关于备课育才老师有自己独特的经验:"手写+详案",手写能让思维更深刻、语言更准确、课堂更严谨、教学更有效。"详案"有多详细?且看教案要点:授课时间、授课内容、课时安排、教学

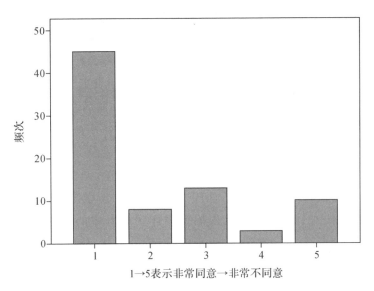

图 2.5 "育才的校内教研活动对专业发展起到了
非常真实的作用"调查的教师态度

目标、教学重点、教学难点、教学内容、教师活动、学生活动、设计意图、板书
设计、作业设计、教后反思。科学组的史珂老师刚参加工作时,每天花在备
课上的时间最多时有 5 小时,3 年教龄不到的她已获得杭州市优质课一等
奖。正所谓"佳课非偶得,功夫在课外"。育才鼓励教师在共性要求基础上,
概括出适合生情、师情和校情的独特教学方法,鼓励教师形成自己的教学流
派。第二,各教研组有针对不同课型的成熟的基本教学法。同时在教学实
践过程中,倡导对已经被证明是有效的教学方式实行"拿来主义",不提倡挖
空心思去进行形式上的创新。第三,精选、精编练习。在以教材课后练习为
主的基础上采用了两个做法:各组老师先选定若干套配套练习,然后把每本
练习中适合学校师生用的某一部分选取出来,组合成册;老教师提供典型资
料,年轻教师编写创新题。同时要求老师尽量做到把布置给学生的作业事
先做一遍。这样做一是为了估计学生所需的完成时间,二是可以删掉不必
要的练习题。第四,面批一部分同学的一部分作业。学校要求每位老师每
班面批作业的人数不能少于 10 名同学,面批的对象、时间、地点不固定,由老
师根据需要决定。第五,课内独立三道题。这个提法主要包含两层意思:只
要课型适合,尽量精讲多练,保证最低程度的学生在课内有独立完成三道题

的时间；让老师掌握所有学生的真实做题水平。第六，和学生交朋友。初中生比较情绪化，很容易被情感左右。一旦他们不喜欢某个老师，连带着也会不好好听课，不认真作业，甚至会厌恶这门课的学习。所以，学校一直大张旗鼓地要求老师和学生交朋友，让学生喜欢，最好崇拜老师。如果做到了这条，学生的听课效率、作业质量、思维品质，一定会达到满意的效果。

最后在于循环封闭的管理体系。育才人讲究"事事画圆"，"日习、周测、月考、期结"，分阶段测试是考试的闭环。每日的作业就是自我检测；每周有周测，对一个单元的学习进行反馈；每月有月考，考后调整三周，因为"形成或改变一个习惯大约需要 21 天"；期中、期末考试对所学知识进行阶段总结。周而复始，循环上升。教和学流程的控制体现了育才的管理智慧，老师的"三次备课、分层授课、全批全改、个别辅导、阶段测试、分析调整"（以三次备课为例：第一次独立备课，形成教学思路和教案；第二次集体备课，突破重难点，探究最合理教学方式；第三次，课前课间及时调整，突出课堂亮点）和学生的"预习落实、听课认真、作业独立、纠错及时、考试诚实、多想多问"，加上落实和坚持"布置、检查、评价、反馈、调整"循环封闭的管理体系，把现代信息技术和传统课堂加以紧密结合，不断地与时俱进，推进课改，选择更高效、绿色的教学方式，让学生学得轻松，让老师教的有效，让育才优异稳定得以持续。

### （五）服务至上

马克思将学校教师服务视为劳动能力生产中的一部分，"有一些服务是训练、保持劳动能力，使劳动能力改变形态等等的。总之，是使劳动能力具有专门性，或者仅仅使劳动能力保持下去的，例如学校教师服务（只要他是'产业上必要的'或'有用的'）、医生的服务（只要他能保持健康）保持一切价值的源泉即劳动力本身——购买这些服务，也就是购买提供'可以出卖的商品等等'，即提供劳动能力本身来代替自己的服务，这些服务应加入劳动能力的生产费用或再生产费用"。也就是说，教育本身是一种具有服务性质的实践活动，学校在教育市场提供教育服务的质量和特色，学生和家长在教育市场选择优质教育和特色教育。因此，学校形成自己的教育服务优势是至关重要的。教育对象是人，是整个家庭的重心。教育对象的特殊性，就决定了教育要为学生创造幸福，也是为家庭创造幸福。将服务视为教育的价值观，是人本主义教育观的体现。重视学生和家长的主体性，教育不再是老师和学校单方面的任务，而是与整个家庭相关，这种教育理念，将学校与家庭联结起来，形成教育环，能更好发挥教育合力。

学生和家长是学校共同的主人，服务至上作为育才人的价值观，是从建校起就确定的。2000年，学校初创时，育才仅有16位老师，等了两天才来了10个同学报名。招生工作的艰辛，家长信任的可贵，让育才始终对家长们充满感激之情，因此学校在发展过程中十分重视家校沟通。从图2.6中不难看出，76%的育才教师都认为家校沟通在学校教育中有着重要的作用。本着不辜负家长的重托、服务好学生和家长这一信念，育才把家校服务工作开展得有声有色。

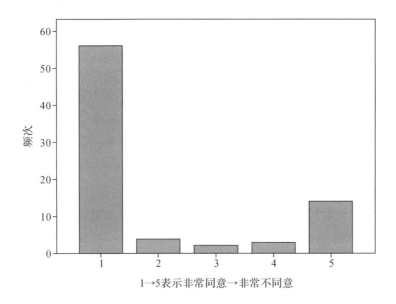

图2.6 "家校沟通对于学校教育非常重要"调查的教师态度

育才成立十几年来，在服务至上价值观的指引下，建立了系统完善的服务体系。

第一，专门成立了家长服务中心，配备了两名专职工作人员，直接隶属于校长工作室管理。其主要职能为：定期与家长电话联系，询问对学校各方面工作的满意度；重视学生及家长的意见，每一条意见都必须了解产生问题的原因，提出解决问题的办法，落实解决问题的时间，并及时向家长反馈；接待来校家长；处理家长投诉；完成家长要求代办的各项工作。

第二，严于律己，光大师德。教师不得以任何理由接受家长馈赠、宴请或委托家长办私事,减少家长不必要的开支;不得给学生做有偿家教,将回答学生提问、辅导学生课程作为教师的分内之事,而不作为额外的赚钱手段。树立起良好的教师形象和学校形象,使家长放心地把自己的孩子放在育才。

第三,寒暑假期间,每位班主任必须给每位学生打一次电话,询问假期安排、在家表现及作业完成情况等;开学前再打一次电话,提醒开学时间及各项注意事项。每位任课老师至少给10位学生打一次电话,解答相关课程的疑难问题并给予学生鼓励和关心。这样可以使班主任及任课教师及时掌握有关信息,为新学期的班级管理和教学工作做好充分的准备。

第四,每届学生三年内会召开三次全年级家长会,包括进校前的中小学衔接家长会和中考前填写志愿的辅导家长会。每学期每班至少开一次分批家长会,一般以学生学习成绩相仿或存在类似问题学生的家长为同批次,人数控制在10人左右。其目的一是可以探讨共同的问题,节约家长时间,避免陪听;二是可以和各科老师充分探讨。此外,家长会如在傍晚开,则为每位家长准备一份点心。

第五,每学年班主任不少于一次全员家访,任课老师有重点地家访。家访前拟好家访提纲,事先与家长取得联系,尽可能尊重家长的时间,不因家访而妨碍家长的正常工作和生活;家访时遵守家访纪律,注重礼仪、仪表,谈话简明扼要、主题明确,重点分析学生现有存在问题并提出解决措施及家长应配合的各项事宜;家访后及时做好总结,完成详尽的家访报告。遇有未按时到校的同学,班主任或任课老师必须在第一时间和家长取得联系,了解学生未到校的原因,并及时向教导处报告。如有特殊情况,应尽早确定学生的所在位置,并采取相应措施。

第六,学生生病在家,班主任一天一次电话问候,住院的则带领班委或携同任课教师一起探望。如有需要,可让其他学生或任课教师到医院为其补课,使生病学生能安心休息,充分体现学校对生病学生的关心和对家长的安慰。

第七,在办公室多摆几张椅子,备好茶叶和一次性杯子。任何时候,家长来访都要起立迎接,请其坐下后再进行谈话,并为其泡茶。谈话交流应平等真诚,不借口事务繁忙而进行敷衍、推诿。如遇上课等特殊情况,都委婉向家长说明,表示歉意,并另约时间进行交流。

第八，每年元旦，班主任都要为家长们寄上一张贺卡，上面书写对学生的评价及祝福语，且要求张张要有新意不重复。校长、班主任、任课教师都在贺卡上签名，由衷地感谢家长们一年来的支持与配合。初一年级时，这一举措事先还不告诉家长和学生，从而给他们一个惊喜。

育才服务至上的价值观是从心出发，从小事出发的。比如学校建设的风雨长廊，初中段的孩子需要家长接送的仍然占一定的比例，每天都有很多家长在校门外等着接孩子放学。学校希望尽微薄的力量，让家长们稍事休息，在一天的繁忙工作后，感受到一点舒适。育才改建了育才的围墙，在校园外围让出一段空间，建立了一条风雨长廊。长廊内设了两排供家长坐的石凳。育才的占地面积并不大，风雨长廊也并不宽敞，但那里却寄托了学校对家长的感激之情。如此细致而有效的家长服务工作源于育才全体教师对家长们的服务意识，离不开全体教师的重视及努力。而同时，家长服务工作也使全体教师与家长之间形成了有效的沟通渠道，家长对育才的信任和对育才服务工作的配合与支持，进一步促进了育才家校服务工作质量的提升。

## 三、"六不"承诺

自古以来，教师的形象是受到人们尊重和崇敬的，"与天地同位，与君亲同尊"，教师的地位是很高的，教师不仅是"诲人不倦"，更是"德才兼备"。习近平总书记提出"四有好老师"，即"有理想信念、有道德情操、有扎实知识、有仁爱之心"。教师要保持其教师形象，遵守师德规范，要成为理想信念的坚守者，成为中华优秀传统文化的传承和发扬者，必然要坚守一些底线。在育才，这些底线有明确的内容，并要求每位教师签署"六不"承诺。这是育才人的教育信仰和价值观的坚守。育人首先要正己。一身正气是育才中学的第一价值观，这决定了育才会形成什么样的学风、教风，什么样的家长口碑。为此，育才规定，教师入职都要和学校签订"六不"承诺书：不接受家长宴请；不接受家长任何形式的馈赠；不以任何形式委托家长办私事；不做有偿家教；不在校园吸烟，不在工作日饮酒；不体罚和变相体罚学生。尤其是有偿家教，这是一条红线，违者"一律解聘"。在严格的底线要求下，育才的师德师风有口皆碑，队伍勤奋敬业，永远激情澎湃，学生个个以校为荣。

### (一)不接受家长馈赠

教育从不是学校和教师单方面的事情,而是与整个家庭和社会都息息相关,家长与教师的关系影响着教育决策和实施效果。教育平等面向所有学生,家长和教师关系也是以学生平等接受教育为前提的。不接受家长馈赠是"六不"承诺的第一点,是师德的底线。如果丢弃了教师形象和师德,接受家长馈赠,会影响教师做出正确的教育判断,教师不免会更加关注提供馈赠的学生,影响了教育公平;另一方面,教师是"行为世范"的代表,学生正是善于模仿的时期,接受馈赠会影响学生心中树立起来的教师权威,教师不再是清廉正气的榜样,学生会不再相信和尊重教师的其他教育决定,甚至会对教师的行为进行模仿。不接受家长馈赠,关乎教师形象和师德,关乎教育公平,更关乎整个社会风气。不接受家长馈赠是底线,一身正气价值观应该深入每位教师骨子里。

### (二)不接受家长宴请

不接受家长宴请旨在让教师以严格的师德规范要求自己。教师既为人师,就要时刻坚守教师的形象,做出不受干扰的教育判断。这一规范,看起来只是一顿饭的事情,但对学校形象塑造的影响是持久延续的。如果教师接受家长宴请,这种教师与家长间的私人关系会很直接地影响到教育,让教育失去公平,教师失去权威。育才人不接受家长宴请是作为育才文化传统传承下来的。育才要求老师每年暑期必须进行家访。家访前,必须有计划,家访后,必须有报告。家访时,不能接受家长的馈赠,不能吃水果、喝饮料。在育才人的记忆中,以汤昊老师为代表的那一批老育才人在家访、在不接受宴请上做出了典范。在整整一个暑假的家访过程中,他们年纪大点的坐公交车,年纪轻点的骑自行车,路近一点的甚至是步行,自己随身带着白开水,在家访时从来不喝学生家里的一口水,不吃家长请的一餐饭,更不要说会和家长进行物质上的交易。育才校长郜晏中说:"我们老师干得很苦,但他们得到了家长的尊敬。真正做到了为人师表。"为人师表的教师形象和口碑,是宝贵的教育资源,更逐渐转化成为育才持续发展的社会资源,这是任何金钱和物质都换不来的财富。

### （三）不委托家长办私事

不委托家长办私事，是育才的老传统。建校伊始，有不少学生的家长是铁路系统的职工，即使有许多外地老师春运期间很难买到火车票，但他们从来没有委托家长买过一张火车票。教师跟家长保持干净的关系，没有利益的来往，用真心培养学生，能够保持恒久的关系，既维护了教师形象，遵守了师德，更加是维护了教育公平。更重要的是，因为不委托家长办私事，所有的育才教师在与家长沟通交往中，都能做到有底气，腰杆直，其专业判断不会受到专业之外的利益因素影响。这样的教风，一直以来是育才人内在的精神基质。

### （四）不做有偿家教，不在外兼课

经济市场化的进程带来了教育市场的繁荣，市场上的教育产品目不暇接，课外辅导机构如雨后春笋般兴起，这吸引了很多学校正式教师，将有偿家教作为生活重要的经济补贴，更有甚者，将更多的精力投入市场兼职中，这既破坏了社会教育生态，也给学校教育造成了不良影响。首先，有偿家教在很大程度上占用了教师精心研究教学设计、反思重建课堂教学的时间和精力，易影响正常上课的内容和效果，影响教育质量。其次，有偿家教容易引发家长猜忌，严重影响学校教育的公信力。长期以来，社会舆论对有偿家教的教师的最集中的关切是，有的教师上课故意不讲最重要的内容，诱导甚至"绑架"学生、家长参与其主办的课后有偿辅导或家教。这一关切，对于家校合作、对于学校办学公信力，均有极其严重的负面影响。再次，有偿家教极易造成教育不公平，额外加重了低收入家庭的负担。关于教育公平和质量的问题，育才是有严格要求的。育才不建议学生盲目参加课外补习和培训，教师更加不被允许做有偿家教和在外兼课，承诺一年一签，在校门口公示，在家长微信群里发，接受家长监督。育才也一心为老师着想，虽然通过强制规定不允许教师通过家教获取额外津贴，但是学校大部分收入都用在老师身上，就是希望老师在育才工作开心、有职业尊严。老师们开心了，觉得这个平台上志同道合的人特别多，每个人都觉得自己有成长的空间，也会特别有成就感。

育才教师不在外做兼职教师，而是积极投入学校和学生中，真正做到敬业是一种习惯,曾经受到家长表扬的育才中学黄有宇老师上门给学生无偿辅导,将两个班分成18个学习小组,老师一个寒假要上门36次。黄老师说,不赞成学生盲目上培训班,那里解题套路太多,我宁愿自己多花点时间,让同学们走正确的路。育才有许许多多像黄老师这样的教师,所有心思全在学生身上,特别热情,为学生和学校工作付出很多。他们是育才校训"样样落实、天天坚持"最好的诠释者。对家长的统计调查显示(见图2.7),育才绝大部分的学生没有在节假日参加过学校之外的学科辅导活动,这似乎与当下的"辅导热"不甚相符。但转念一想,也就了然了:育才的老师们都上门给学生无偿辅导了,学生们又何必舍近求远? 育才的规定保障了教师的经济收入,让教师毫无负担地投入学校和学生中,也保障了教育公平和教育质量,这是教育的未来。

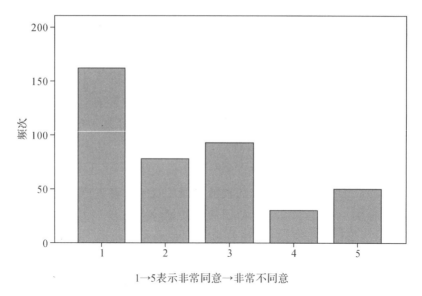

1→5表示非常同意→非常不同意

图 2.7　"学生节假日没有参加学校之外的学科
辅导活动"调查的家长态度

### (五)不体罚和变相体罚学生

不体罚和变相体罚学生是学校教育人文关怀的重要体现,是尊重儿童的生命与尊严的题中应有之意。《未成年人保护法》规定:学校、幼儿园、托儿所的教职员工应当尊重未成年人的人格尊严,不得对未成年人实施体罚、变相体罚或者其他侮辱人格尊严的行为。育才的宗旨"让孩子因我们而幸福"，旨在让学生在丰富的校园活动、先进的教育理念、有趣的课堂活动中"玩得好""学得好"。这一教育宗旨和理念，内含着严禁体罚和变相体罚的意涵。教育是师生平等交往的过程，体罚学生，是将学生视为教育的被动承受对象，是教师教育专业权威僭越的表现。这种粗暴的教育方式，有可能损及儿童的人格尊严，容易导致教师惩罚的随意性，滋生师生之间的对抗情绪，甚至引发学生的反抗，凡此种种，都是与当代教育改革的核心理念背道而驰的，也是与育才办学理念相违背的。

### （六）不在工作日饮酒，不在校园内吸烟

学校制订的所有原则和规范，必须是校长引领、教师表率，让教师向着"师德高尚、身体强健、业务精湛、待遇优厚、环境良好、同事融洽、家庭和睦、成果显著"等8个指标发展，进而带动学生养成良好习惯。教师的教育对象是人，而且是模仿能力极强的孩子们，尤其是基础教育阶段，教师的言行更成为学生们学习的行为模范，因此，良好的教师形象本身就是一种重要的教育力量。不在工作日饮酒，不在校园内吸烟，这不仅是为了师生身心健康着想，更重要的是，这是育才教师确立自身示范形象的价值选择，这也可以视为育才教师主动承担"身教"使命的宣言。育才人相信，教育是美好的事情，美好的事情，需要心怀美好的人一起去做。

"六不"承诺的规定是育才重视师德和教风建设的集中体现。对于这一规定，教师们并未简单停留在思想认识和口头承诺上，更是将其落实到了具体行动中。据统计，有 74.7% 的教师认为自己严格执行了育才提出的"六不"承诺（见图 2.8），坚守住了为人师表的底线。而教师们的自我约束家长们看在眼里，记在心里，调查中高达 90% 的家长认为育才的"六不"承诺得到了很好的贯彻落实（见图 2.9），育才教师们塑造的良好形象为学生行为树立了典范。"德为才之帅，才为德之资"，"育人为本，以德为先"，唯有充分重视了师德和教风的建设，为教师的理想信念和思想行动树立标杆，才能让他们的专业才能得到真正的发挥，实现教师的"德器深厚"。

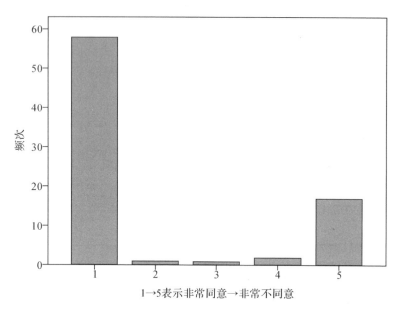

图 2.8 "我严格执行了育才中学的'六不'承诺"调查的教师态度

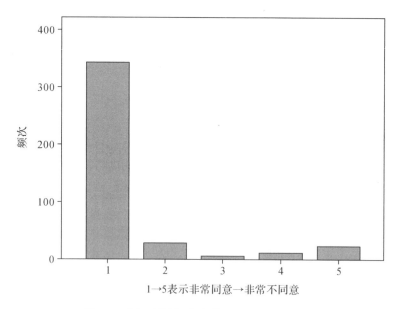

图 2.9 "六不承诺"落实情况调查的家长态度

# 四、理想人格形象

教育的使命是培养人。培养人的社会实践需要面对的第一个议题是"培养什么样的人"。这涉及学校对理想人格形象的设定。育才以社会主义核心价值观为统领，秉承"让学生因我们而幸福"的办学理念，提出了"广博的学识，顽强的意志，强健的体魄，出众的能力，端正的人品，崇高的信念"的培养目标，这也是育才学子的理想人格形象。

## （一）广博的学识

古希腊倡导博雅教育（liberal education），也翻译成通识教育，旨在培养具有广博知识和优雅气质的人，让学生摆脱庸俗，成为一个有文化的人。在现代社会中，博雅教育，被认为是一种基于社会中的人的通才素质教育。它不同于专业教育、专才教育。在东方，这种教育的传统可以追溯到先秦时代的六艺教育和汉朝以后通常的儒家教育；六艺教育注重综合知识和技能，而儒家教育偏重人格和人文质素。博雅教育的目标就在于培养学生健全的人格和广博的知识，孔子讲"文质彬彬，可谓君子"，健全的人格就是"文"和"质"都要有，是必须让学生有机会接触自己的文化，乃至整个人类文明的一些最重要的经典，通过经典来提升一个人的道德水准和视野，来提升人格。

基础教育的基本目标是要培养人，培养优秀、高素质的人，仅仅会考试，不是教育要实现的目标，基础教育要培养学生的习惯，为他们一生的发展打下基础，其首要目标就是让学生拥有广博的学识，这也是时代的要求。一方面，专业化的培养逐渐脱离时代要求，市场经济下，只有拥有宽广的知识面才能适应时代对人才的要求；另一方面，随着时代变化，很多领域都涉及交叉领域，学生有更大的视野才能不断创新和发展。基础教育阶段培养学生钻研知识、尊重知识、敬畏知识的习惯，才能为之后的专业深入学习打下宽广深厚的基础。为了培养拥有广博学识的人，课堂仅是学生知识的来源渠道之一，学校专门成立公共开放的图书馆，让学生们读经典著作，这些书不仅仅包含了某一个领域的知识，也是人类文明和人生哲学的结晶。读书学知识的过程，本身也就是培养人格，提高个人的修养和道德情操的过程。学校旨在通过阅读，用知识的魅力去感染学生，激发他们的学习激情。这种激情和对知识更深层次价值的发现，对于他们今后的人生是至关重要的。

### （二）出众的能力

育才要做高标准的教育典范，出众的能力是育才对学生高标准的要求，也体现了育才的文化"做到自身能力的极致"。吕型伟先生说："人人有才，人无全才，扬长避短，人人成才。"育才倡导学生在做事时要学会选择，在选定、确认为正确的、值得做的事之后，要努力去追求极致。育才在引导学生追求价值目标时，重视过程价值甚于重视结果。因为在正确价值引导下，倾心倾力做事的过程，也是自我培育的过程。育才不断给学生传达一种信念：凡事只要竭尽全力去做，结果如何，都是可以接受的。育才培养学生出众的能力，不是指一般意义上追求在成绩上高于其他人，而是要求学生能够竭尽全力，各有所长。如果学生经过努力拼命跳高仍只能跳到一米四，如果这就是自身所能达到的极限，这也值得夸奖。古希腊哲学家亚里士多德曾经说过："什么是优秀？优秀就是无论干什么都全力以赴的习惯。"这句话道出了优秀的本质特征。我们经常说教育就是培养习惯。什么是最重要的习惯？全力以赴就是最重要的习惯。

学生之间的能力确实存在差异，要对学生进行客观的评价，要看学生在学习方面、道德修养方面、社会实践方面有没有做到全力以赴。对于全力以赴的学生，即使成绩不突出，也应给予其肯定和鼓励；对于虽然成绩优秀但并没有做到全力以赴的学生，仍要指出其不足之处，并激励其继续努力，创造出更好的成绩。在育才"永远将表扬缩小到 1/100，永远将批评扩大 100 倍，永远比昨天优秀 100 倍，永远比别人努力 100 倍"。育才通过科学的课堂、精彩的活动、系统的管理，以高标准严要求来教育学生，培养学生出众的能力，促进学生成长，培养出来一批又一批成绩优异、有所特长的学子。

### （三）强健的体魄

青少年时期是学生身心健康和各项身体素质发展的关键时期。青少年的体质健康水平不仅关系个人健康成长和幸福生活，而且关系整个民族健康素质，关系到我国人才培养的质量。一个人真正的强健，是"文明其精神"与"野蛮其体魄"的和谐统一。健全人格是学校德育的重要目标，而体育有它独特不可代替的作用。梁启超的"少年强"指的就是少年的体魄要强健、身心要健康、思想要奋发向上。蔡元培的"完全人格,首在体育"也同样认为,对青少年个体而言,人格的塑造也需要体育运动来完善。受应试教育的影响,学校体育被不恰当地边缘化了,学校不重视体育,占用体育课时间,造成学生学习压力大,缺乏锻炼,这严重影响到学生的身心健康发展。近年来,因过度沉溺于电子产品引发的近视、肥胖、心理闭塞等问题日益严峻,导致青少年身心健康问题日趋恶化,学生体质健康水平呈现持续下降的态势。

党的十八届三中全会通过的《中共中央关于全面深化改革若干重大问题的决定》中对学校体育提出了"强化体育课和课外锻炼,促进青少年心身健康、体魄强健"的明确要求。《国家学生体质健康标准》指出健康的概念包括身体健康、心理健康和社会适应。明确国家对不同年龄段学生体质健康方面的基本要求,提出学生体质健康的个体评价标准。健康是人的第一竞争力,没有健康,何来幸福。义务教育阶段,学校对学生的培养应同时注重身体及心理健康,只有健康和智慧并存的学生,才是具有竞争力的,这应是学校培养学生的理念。培养学生强健体魄的重要途径就是体育,体育不仅能培养健康的身体,更能培养孩子阳光向上的心理、启迪身动心动的智慧、提升健康审美,磨炼意志。在育才,人气最旺的就是篮球场,打球是强健体魄的重要方式,也是培养学生人格的重要方式。打球有明确的目标,有及时的反馈,还有挑战力,能帮助人控制自己的身体、精神、注意力,进而从专注中获得乐趣,逐步形成热爱体育、崇尚运动、健康向上的良好风气和珍视健康、重视体育的浓厚氛围。

### (四)端正的人品

教育的根本任务是立德树人。立德是树人的基础。所谓立德,就是把做人的道理讲清楚,把做人的规矩立起来。有原则、有品行、有道德的人才能立于天地之间,才能在社会上站得稳、立得住、行得远。育人的根本在于立德,立德首先在于端正人品。对教育而言,学生有德有才是正品,才能掌握在品德高尚的人手中,才会为社会创造价值,若才能掌握在品德低下的人手中,则会有危及社会的可能。孔子曰:"人之生也直,罔之生也幸而免。"韩愈在《师说》中提出:"师者,所以传道授业解惑也。"巴金勉励后辈"说话要说真话,做人要做好人"。陶行知先生说:"千教万教教人求真,千学万学学做真人。"这些谆谆教诲和至理名言都启示我们"教书育人"的本质在于人品格的养成。育才将"端正的人品"视为学生理想人格之一，将人品与习惯相连接，从生活中的细枝末节入手，规范学生的行为习惯，端正人品。

### (五)顽强的意志

意志是人们为达到一定目的而自觉行动，克服困难的心理过程。意志是人的品质结构的重要成分，是人的主观能动性、积极性的集中表现。一个人如果有良好的意志品质就能自觉树立理想，并为之努力奋斗，就能控制、支配自己的行动，忍受艰苦，抗拒不良干扰，保持充沛精力去克服困难；就能在挫折和失败时，始终不渝，满怀信心。随着人们生活水平的提高，从小在优越环境下成长的一代，缺乏吃苦耐劳的精神，意志薄弱，自觉性、坚韧性和自制力差，这是人格培养的重大障碍，培养学生健全人格是德育的重要内容，顽强的意志是重要的心理品质，是克服干扰、战胜挫折、实现人生目标的保障。

传统学校教育总是更加关注知识的传授，忽略学生性格的养成，而学生性格恰恰是形成学生品质至关重要的因素，育才独特的"坚毅教育"养成了学生们顽强的意志。育才一直以来都是坚毅教育的自觉实践者，在孩子的成长过程中，关键不在于给他灌输多少知识，而是要在这个关键期培养其坚毅的性格品质，这是育才孩子们成才的首要要素。是"样样落实，天天坚持"的校训，也是"敬业是一种习惯""激情快乐"的价值观，更是"让孩子因为我们而幸福"的办学理念的生动体现。开展坚毅教育，育才的主要措施在于：使孩子们通过阅读切身体会坚毅的典范；将课外活动设计成既能激发孩子们参与热情又符合教育规律的活动，鼓励孩子参加课外活动并坚持一年以上；定期开展"坚毅"主题活动，让孩子们真切感受到学习中"坚毅"带来的强烈而持久的幸福感；制定分层级的目标，从小目标开始；身教重于言教，教师做出示范；测定坚毅指数，把握坚毅教育的效果；依靠"多巴胺"的力量，通过鼓励与克服困难后的成功让孩子保持最佳的积极的心理状态；培养成长型思维，让孩子们认识到能力是不断成长的，通过学习、挑战、锻炼不断成长。

坚毅教育培养出了若干拥有顽强意志的育才学子，这种宝贵的心理品质也成为他们一生的珍贵财富。积极心理学领军人物米哈里教授提出"心流"(flow)概念，他说，想要内心有秩序，要找到一项能长久凝聚注意力的工作，当全神贯注、身心两忘时，会获得一种极美好的体验——"心流"。目标明确、能得到及时反馈、并且挑战和能力相当时，就满足了创造心流的 3 个条件，人的注意力聚集，进入心无旁骛的状态。育才坚毅教育的目标就在于创造条件让学生获得"心流"。

### （六）崇高的信念

信念是指坚信正确而不肯改变的观念，"功崇惟志，业广唯勤"。信仰往往与理想联系起来，理想指引人生方向，信念决定事业成败。教育部《关于全面深化课程改革，落实立德树人根本任务的意见》中将"核心素养"置于深化课程改革、落实立德树人目标的基础地位，要求学校教育育人导向必须更加注重学生理想信念的培养。

从其原因来看，中学阶段是青少年学习成长的关键期，也是人思想意识形成的关键期，心理学家埃里克森的人格发展八阶段理论指出，一个人的中学阶段是自我同一性形成的关键时期，而自我同一性对青少年人格形成和发展起到了重要作用，在这期间青少年世界观、人生观和价值观开始形成，因此也是进行理想信念教育的最佳时期。这一时期奠定的思想基础，往往决定着他们一生的奋斗目标、价值取向和精神追求。

党中央也对中学的理想信念教育提出了要求，要求全党做好青少年思想引导工作必须站在理想信念的制高点上，充分认识加强理想信念教育是培养中国特色社会主义事业建设者和接班人的核心任务，充分认识现实社会各种思想意识影响和争抢青少年的挑战，增强为党育人、为民族筑魂的责任感紧迫感。反观社会的道德风气日渐低下，究其根源，就在于信仰的缺失，敬畏感的缺乏，让人们无所畏惧，这于个人、社会、国家都是极危险的状况。育才将学生崇高信念的养成与校训"样样落实，天天坚持"结合起来，从习惯坚持逐步进阶到信仰坚持，不将"考高分"当作评价学生的标准，而是要培养将个人发展与国家命运结合起来，拥有家国情怀的祖国的未来一代建设者。

## 第三章

# 刚柔并济:育才的校本管理

育才中学从成立之初就制定了"校本管理"的基本办学指向,在教育实践中逐渐沉淀"校本管理"的办学经验。从初创期、稳固期到拓展期,育才的管理模式、教师管理、课程管理和学生管理在传承优秀特色的基础上,逐渐拥有了新的内涵。学校的规模显著提升,学校的管理理念与时俱进,"成为中国基础教育的一面旗帜,成为世界基础教育的中国样板"成为育才孜孜追求的最高目标。

## 一、校本管理的理念与模式

### (一)校本管理的内涵

校本管理(school-based management,SBM)是 20 世纪 60 年代在西方发达国家逐步兴起、以学校发展为本、以学生发展为中心、以提高学校组织效能与学校教育质量为核心的学校管理制度。[①] 顾名思义,校本管理就是以学校为本位或以学校为基础的管理,其核心就强调教育管理重心的下移,强调教育行政部门给予学校更大的权力和自由,使中小学成为自我管理、自主发展的主体,可以根据自身的需要确定自己的发展目标和方向,从而提高学

① 范国睿.政府·社会·学校——基于校本管理理念的现代学校制度设计[J].教育发展研究,2005,25(1):12-17.

校管理的有效性,创办出更有效的学校。① 近年来,教育行政管理体制和学校内部管理体制改革呼唤发展形成一种真正"校本管理"的办学机制,这使教育面临许多新课题。现阶段,民办学校发展是基础教育办学体制改革的新生长点,因此,从开发校本课程、建立董事会制度等方面来构建民办学校的校本管理体制具有重要的现实意义。②

校本管理强调以学校为主体:第一,学校是办学主体,学校办学的决策权力应下放给学校;第二,学校管理目标和任务是根据学校自身的特点和需要来确定的,而不是上级或外部强加的;第三,学校成员参与决策和管理是有效实现学校目标的基本途径,建立由校长、教师、学生家长和学生、社区成员组成的参与管理和决策组织;第四,学校决策者对自己的决策及其执行负有责任。③

育才中学从成立之初便制定了"校本管理"的基本办学指向,并随着时间的迁移逐渐沉淀进而总结"校本管理"的办学经验。在初创期,育才中学在校长的带领下形成了一套独特的办学模式,即返聘资深的退休老教师组成优良师资队伍;采用老教师们根据教学经验自主编写的针对中考的教材;在进行决策时广泛听取老教师们的建议;采取适合起步时期的高效率的"校长—教师"的扁平管理模式等。这些举措为处于初创期的育才中学高效运转创造有利条件,为后续的规范化、高效化办学奠定了良好基础。

### (二)校本管理的理念

校本管理与传统的学校管理不同,后者是外部控制管理,而校本管理则强调学校主体的自主管理。校本管理的理论基础有以下几点:①由外界强加的教育决定剥夺了某些与学校有关的人的权力,学校需要一种参与决定变革的机会以及使变革适应个别环境的灵活性的权力;②学校是决策的基本单位,学校应具有识别学生需要并对之做出反应的能力;③那些对某一主

---

① 刘宝存.校本管理:当代西方学校管理的新模式[J].比较教育研究,2001,22(12):16-19.

② 胡卫,徐冬青.校本管理:现代民办学校管理制度探索[J].教育发展研究,1999(7):34-38.

③ 黄崴.校本管理:理念与模式[J].教育理论与实践,2002(1):28-32.

题了解最多的行动者应该有权对该主题做出决策；④与学校系统有关的人有参与决策过程的权利和义务；⑤那些受学校决策影响最深的人（教师、学生和家长）应该在学校事务的决策中发挥重要作用；⑥学生、家长、学校教职员有独特的需求，他们能最好地识别和满足这些需要。①

育才中学在初创期打破同类学校传统办学模式，在校长的带领下逐渐摸索和形成适合自身发展的自主管理经营方式，在办学过程中注重听取社会各主体的利益诉求，将校本管理理念与学校实际办学相结合，形成了鲜明的管理特色。在顶层理念设计层面，育才中学遵循着一定的校本管理原理，为学校制定战略、做出决策提供方向指导。在过程举措制定层面，育才中学恪守着一定的校本管理原则，为学校确立规章、处理问题提供有力支持。

1. 育才校本管理的五大原理

育才中学顶层理念设计遵循着目标多元化原理、结果相等原理、分权原理、自主管理系统原理、创新原理五项原理，在宏观层面上明确开展校本管理。

（1）目标多元化原理。在校本管理中，基于学校服务对象的多元性，学校教育目标被看作是多元的，教育环境被认为是复杂的和变化的，因此，学校就需要不断地改革以适应变化的环境，提高学校管理效率和教育质量。

从初创期到稳固期再到拓展期，育才中学根据外部环境和内部情况适时对办学目标做出调整，在不同的阶段制定相应的举措以确保目标的实现：在初创期，育才的办学目标是生存与立足，以优异的中考成绩提升知名度吸引生源，因此在这一时期校长采取的举措为：实行扁平化管理、聘用资深退休老教师、启用自编教材、推进朴素扎实的德育与智育等。这些举措为育才在杭州教育市场的立足提供有力保障。在稳固期，育才的办学目标是稳定与发展，在保证教学质量的前提下拓展集团的影响力，因此在这一时期校长采取的举措为：开办分校、实施精细化管理、培养领导团队、打造高效课堂等。这些举措在一定时期为育才输出影响力创造了有利条件。在拓展期，

---

① Murphy B. The four imperatives of a successful school [M]. California：Corwin Press, Inc. 1996：2-3. Yin Cheong Cheng. School effectiveness and school-based management [M]. London, Washington, D. C.：The Falmer Press, 1996：44.

育才的办学目标是卓越与创新，在前期发展的基础上大力推进国际化进程，因此在这一时期校长采取的举措为：引进高素质国际化人才、加强教学督导、强调学生的全面发展。这些举措为育才的国际化战略推进做好了前期铺垫工作，为下一步目标的实现奠定基础。

（2）结果相等原理。现代管理理论认为，实现目标有不同的方式，管理的弹性受到了重视，学校组织应该根据自己的条件进行自己管理。由于当前教育的复杂性和学校之间的差异性，用一种标准的结构来管理所有的学校是不实际的。所以，结果等同原则鼓励分权，让学校有丰富的活动空间，发展和制定出自己独特的教学和有效管理学校的策略。

结果相等原理在育才校本管理的变迁过程中集中体现在稳固期。育才中学在稳固期开始创办分校，相应地设立分校校长以协调和统筹各分校事务。分校的创立并不是简单的"育才模式"的移植，而是在当地区域因地因时制宜开展适合的办学工作，这在一定程度上赋予分校校长以调试管理模式的弹性和空间，更利于分校灵活地实现办学目标。

（3）分权原理。分权管理是校本管理的重要方面，其基本理论依据是学校管理和教学活动难免会碰到问题和困难，学校应该有权及时有效地解决所发生的问题。即分权管理原则强调的是发现和解决问题的及时性和有效性。

分权原理在育才校本管理的变迁过程中集中体现在稳固期，与结果相等原则相一致。育才中学校长在稳固期将决策权与管理权进行分散与下放，同时以"精细化"管理确保学校的高效运转。

（4）自主管理系统原理。校本管理要求学校成为自主管理系统，有权制定办学方针、教学目标和管理策略，有权管理教育、教学、人事、财务等问题，有权根据实际需要解决面临的问题。

自主管理系统原理主要体现在育才中学稳固期和拓展期的校本管理实践中。育才中学在初创期实行的是"扁平管理"模式，直到进入稳固期开始创办分校、设立分校校长、实施精细化管理，培养育才的领导与管理团队后备力量，到了拓展期开始引入高学历国际化人才，通过高级研究班、校长工作室等形式确立管理团队和领导风格。尽管从初创期到稳固期，育才中学校长始终是决策制定者和主要领导者，但是在校长制定决策的各个环节，也广泛地听取全校师生及社会各界人士的专业意见和利益诉求。这些举措都是育才进行自主管理探索的体现。

（5）创新原理。校本管理认为，学校管理目标是不明确的，学校组织结构是松散的，针对学校管理，有学者建议采取"松—紧并存的策略"。从紧的一面来看，需要建立合理的组织结构，以保证学校管理工作的有序性；从松的一面来看，需要在学校的层面上扩大分配和使用学校资源的权力，鼓励学生家长、教师、学生和校友的决策参与。

创新原理贯穿于育才中学创校至今校本管理过程的始终。唯有敢于突破才能一鸣惊人。育才中学在初创期瞄准中考目标，制定稳扎稳打的教学方针，大胆起用退休老教师队伍和使用自编教材，在创校的第一年中考取得理想的成绩赢得良好的办学口碑；育才中学在稳固期创造性地采用"精细化管理"的独特模式以确保在权责分散之后学校的高效运转，并将教学目标从"面向中考"转变为"高效课堂"，侧重于追求办学质量的稳步提升；育才中学在拓展期的办学目标敢为人先，"做中国基础教育的一面旗帜，世界基础教育的中国样板"成为其国际化进程的价值追求，在这一目标的指引下，育才中学在拓展期通过吸引高学历国际化人才，与世界一流基础教育学校开展互访，开展一系列促进学生全面发展的活动，创新性地调动全校师生和工作人员的积极性，为后续发展奠定良好基础。

2. 校本管理原则

育才中学在校本管理中注重层次性。恪守注重学校整体形象设计、推进学校层面的战略管理、确保各个层面的自我管理、追求动态层面的有效性、建立综合层面的管理模式五项原则，在微观层面上有效地开展校本管理。

（1）注重学校整体的形象设计。在校本管理运行的机制中，学校的形象是被学校的任务、活动的特点、管理的策略、资源的使用、人际关系、学校管理者的质量以及评价指标所赋予的。从初创期到稳固期再到发展期，育才中学有意塑造属于育才学校、教师、学生各个层面的独一无二的识别码。学校以"个性鲜明，全面发展，追求卓越"的办学目标立足，以"优异稳定的质量，朴素实效的德育，独树一帜的教学"斩获口碑；教师队伍按科目区分，每个科目的教师结合学科特色，均致力于打造独一无二的文化氛围和生活姿态；学生在保证学业成绩的同时，根据自己的兴趣特点在学校的各项课内外活动中选择适合自己的发展道路,形成鲜明"识别码"。

(2)推进学校层面的战略管理。校本管理极力主张建立基于学校层面的战略管理。学校层面的战略管理包括环境分析、系统的计划和组织构造、组织成员的合理发展和指导、积极的监控和评价、领导艺术等等。育才中学从初创期到稳固期再到拓展期的校本管理演进过程,均体现学校层面战略管理的改革过程,"战略先行"的领导风格也为育才中学规范化、专业化发展创造理想先机。

(3)确保各个层面的自我管理。在学校中,进行多层面的自我管理将有助于在个体、群体和整个学校层面上的持续的学习、改进和发展。育才中学初创期的快速发展得益于校长的战略决策、老教师们的教学经验和教学实践,但从初创期到稳固期的稳定发展则与校长制定的一系列保障学校各个层面的自我管理得以实现的举措息息相关。在稳固期,育才中学从"扁平化管理"走向分权自治,在权力下放的同时实施"精细化管理",确保了管理团队、师资队伍和学生群体的自我管理取得良好效果。

(4)追求动态层面的有效性。追求动态的有效性将有助于学校适应于内外环境的变化,从而使学校不同层面、不同领域的有效性达到最优化。育才中学在各个时期的校本管理的侧重点是不同的,因而在各个时期学校根据办学目标而制定的举措是不同的,这些举措的实施体现了学校管理的理念变革,从管理模式的变迁、教师管理的完善、课程管理的优化、学生管理的革新均体现了一个动态发展的过程,尽管如此,无论是初创期、稳固期还是拓展期,育才中学的发展脉络依然有静态指向,即"抓得实,盯得牢,学得好",并逐步凝结和形成"稳定优异的质量,朴素实效的德育,独树一帜的教学"三大学校品牌,动态层面的有效性确保学校的稳步发展。

(5)建立综合层面的管理模式。在这种机制中管理的单元是学校过程矩阵中的层面而不是分离的组织细胞,从而能够提供一个更为综合的管理单元来管理有机的和动态的学校过程。育才中学的校本管理从决策方针的制定到"一周一仪"的实施,均纳入学校管理的范畴之内,"精细化管理"战略为学校的发展提供了完善的管理网络,从宏观到微观建立起综合层面相互贯通的沟通桥梁。

### (三)校本管理的主要模式

莫非和贝克认为校本管理有三种模式：行政控制模式、专业控制模式和社区控制模式。雷斯伍德在分析和调查研究的基础上认为，校本管理还存在第四种模式，即专业人员、学生家长和社区成员之间的平衡控制模式(见表3.1)。

表 3.1　校本管理的四种模式①

| 类型 | 基本含义 |
| --- | --- |
| 行政控制模式 | 以校长为主导的校本管理，强调校长的财政、人事、课程的决策权。 |
| 专业控制模式 | 以教师等专业人员为主导的校本管理，强调教师等专业人员对学校的参与决策权。 |
| 社区控制模式 | 以社区、学生家长为主导的校本管理，学校服务于所在的社区和学生，社区和学生家长决定学生的发展方向。 |
| 平衡控制模式 | 教师和社区成员共同参与决策。实现专业人员和社区成员的平衡，既要体现专业人员的权威，也要体现社区成员和学生家长的需要。 |

育才中学初创期、稳固期和拓展期的校本管理模式在继承传统的基础上推陈出新，逐步提炼出育才独特的发展方向。

在初创期，育才中学主要实行"校长—教师"两个层级的扁平管理模式。这一模式体现了行政控制模式的基本特点，形成以校长为主的校本管理，强调校长的财政、人事、课程的决策权。值得注意的是，尽管这一时期的校本管理以校长为主导，但是校长对于课程和教学的决策过程充分尊重和采纳自身老教师队伍的建议和优势，因此这一时期的校本管理在"行政控制模式"的基础上发挥"专业控制模式"的优势。在稳固期，育才中学开始创办分校、设立分校校长，实施精细化管理，注重采纳社会各界人士的专业意见和利益诉求，因此这一时期的校本管理取向尽管仍以校长为主导，但其"专业控制模式"特征得以加强，并且初步具备"社区控制模式"的特征。在拓展期，育才中学开启迈向国际化的进程，这一时期的校本管理模式在稳固期的基础上逐步向"平衡控制模式"过渡，在校长主导的旗帜下形成了综合性相合性的互动管理网络。

① 黄崴.校本管理：理念与模式[J].教育理论与实践，2002(1)：28-32.

## 二、初创期的育才管理(2000—2004 年)

### (一)管理模式:扁平管理

建校之初,育才中学校园规模较小,包括教学、招生、中考等在内的校内外大小事务由校长一手包办,在这样的运作模式下形成扁平管理模式:育才在学校管理层级分配中不设中层干部,校长直接领导普通教师。在扁平管理模式下,教师队伍主要由 16 位退休后复聘的教师构成。扁平管理的模式为初创期的育才中学提升运作效率、确保教学质量提供了有力保障。这种模式有利于最大限度地调动教师的教学热情,校长与教师的沟通较为紧密,学校决策层面的理念和意志充分体现校长办学目标和教师育人目标的统一,扁平模式为初创期的育才生存与茁壮奠定良好根基。

在这一时期,学校设置的组织结构如图 3.1 所示。

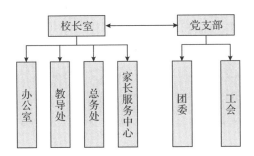

图 3.1　育才中学早期组织结构示意

### (二)教师管理:"敬业"基因

1.强调"敬业"教风

敬业乐业、学高身正的教师队伍是育才发展的奠基石。一所名校必然需要有好的校风、教风、学风。好教风引领好学风,好教风加好学风就是好校风。

2.调动老教师工作热情与使命感

扁平管理模式为初创期的育才中学奠定了生存和成长的坚实基础,扁平管理的优势之一在于充分调动老教师的教育热情和使命感。育才中学返聘16位老教师的创举,在杭州教育界产生了极大的影响。这16位老教师重拾教学岗位的原因有二:其一,老教师们想发挥自己的余热为教书育人再做贡献;其二,老教师们为育才中学校长诚恳的办学态度和务实的育人目标所打动,愿意助其兴办一所朴素优质的民办中学。

　　16位白发苍苍颇有气质的老教师守护着育才中学的初生和发展,在这段时期校长与老教师们的通力合作为育才的成长灌入蓬勃的生命力。时至今日,16位老教师中的其中几位仍坚守在教学岗位,哪怕已经没有体力在课堂上授课,也仍然给年轻老师做督导工作,他们培育出一代又一代的育才学子,桃李天下,而今仍然如蜡炬伫立在育才,燃烧着自己的光辉能量。值得一提的是,尽管在扁平管理下的育才中学由校长制定所有决策,但校长也非常重视参考老教师的意见,校长予以老教师们充分的尊重和关爱,甚至在上下课时间亲自开车接送老教师们上下班。

### 3.给予新教师成长机会与平台

初创期的育才吸纳了很多年轻教师加入,这批新加入的青年教师多是刚毕业的应届大学生,他们和老教师们戮力同心,共同为推动育才中学的未来发展而奋斗在课堂。这一时期中层领导干部的缺位给年经教师们提供了晋升和进步的机会,在校长亲力亲为的培养下,这批最早加入的青年教师们迅速成长为具有优势潜力的中层领导层预备人才。

　　校长在培养和选拔年轻教师的考虑上注重学科公平,因而有体育老师因出色的组织能力和管理能力被提拔到中层成为领导团队的成员,这种现象在其他学校是较为罕见的。从这个细节也可看出育才中学在管理中唯才是举的优良作风。

### (三)课程管理:自编课程

1999年6月中共中央国务院《关于深化教育改革全面推进素质教育的决定》①第二部分第14条规定:"调整和改革课程体系,试行国家课程、地方

---

① 　佚名.中共中央国务院关于深化教育改革全面推进素质教育的决定[J].江西教育,1999(z1):4-7.

课程和学校课程。"2001 年 6 月教育部印发的《基础教育课程改革纲要(试行)》[1]提出,调整和改革课程体系、结构、内容,构建符合素质教育要求的新的基础教育课程体系。课程改革的第六个目标就是:改变课程管理过于集中的状况,实行国家、地方、学校三级课程管理,增强课程对地方、学校及学生的适应性。未来随着课程的不断改革深入,校本课程开发是所有学校的必经之路。

校本课程(school-based curriculum) 即以学校为本位、由学校自己确定的课程,它与国家课程、地方课程相对应。所谓校本,一是为了学校,二是在学校中,三是基于学校。校本课程开发的基本精神是学生喜欢、由教师亲自参与、由学校自己决定。校本课程开发的独特价值也体现在 3 个方面:尊重学生的个性,形成独特的学校文化和办学特色,促进教师专业发展。[2]

校本课程开发以学生需要为主要指向,以教师与专家共同参与为操作手段,以学校特色发展为个性平台。校本课程并非一般的兴趣课、活动课、点缀课,而是实实在在立足学校、学生、教师的课程。校本课程的设计与规划已经成为许多学校的自觉行动,而今,许多学校已经为课程创生而做好充分的准备。学校因教师、因学生的课程创生将是艰难的,但又是充满挑战的、富有激情的。只有教师和学生的生活经验、实践智慧、人格魅力、问题与困惑、情感与态度、价值观等"人力课程资源"真实地进入课堂教学,才能实现"校本课程开发"的追求。[3]

处于初创期的育才中学,其生存和发展面临着严峻的形势。校长和所有教师都清楚,只有创立后第一批毕业的学子在中考中取得优异成绩,育才才能在竞争激烈的杭州基础教育领域立足。在明确目标之后,育才中学大胆支持老教师们根据多年教学经验自编教材而非使用统一教材。育才中学认为,和传统学校一样按部就班地开展教学工作不能使得育才学子在第一届中考中脱颖而出,只有采取非常战略才能出奇制胜。果不出所料,使用自编教材学习并毕业的第一批育才学子在中考中取得杭州市第一的卓越成绩,打响了育才中学"开局第一战",从此在杭州市家长及社会人士心中

---

①　教育部.基础教育课程改革纲要(试行)[J].西藏教育,2003(1):17-19.

②　郑金洲.走向"校本"[J].教育理论与实践,2000(6):11-14.

③　郝秀萍.校本课程是这样的课程[J].青年科学(教师版),2013(2).

留下深刻印记。时光荏苒，令校长和老教师们感到欣慰的是，自编教材作为一项优良校园传统被保留到今日，并且自编教材仍然作为育才教学的亮点被不断改良和完善，在未来仍将继续为育才学子带来别出心裁的校本课程。

当然，在收获荣誉的同时也受到质疑，很多杭州教师和家长认为育才中学多年来的优异成绩源自优良的生源。但育才校长和教师们明白，第一届毕业生的生源质量并不理想，因为并没有优秀的学生愿意尝试和信任一所新创的民办学校，之所以取得优异的成绩在于校长的正确方针和师生的共同努力，随后生源质量的提高可以说是育才取得出色表现的锦上添花之笔而非决定性因素，一年又一年稳扎稳打的踏实教学才是学生成长的最好助推器。

直至今日，自编课程仍然是育才教学的一大亮点。育才校长始终坚信，名校的校园活动应该丰富多彩，学校可以借助大学、教科院、教研室等诸多方面的力量，从育人目标着手做好顶层设计，按着"人人有责、组长负责、主任指导、校长设计"的思路，结合学校、学生、老师、家长甚至于城市的特点，尝试把国家课程、地方课程校本化。

### (四)学生管理：朴素德育与扎实智育

初创期的育才中学借用其他学校的老校舍开始了艰苦朴素的创校历程。由于最开始的教学是借用校舍展开，育才中学的学生和其他学校学生不可避免地经常聚集在一起。尽管是同龄学生，但是老师和家长却反映：两所学校的学生能够一眼辨认出来。这是因为育才中学培养出的学生具有鲜明的特征，这种特征源于育才从建校之初就落实的朴素德育与扎实的智育。直到现在，育才中学的学生依然保留着传统的优良礼仪和习惯，在学校中见到陌生的老师会问好，哪怕在毕业之后也会主动和教师问好，从"一周一仪"到"教学六步法"无一不凝结着育才校长和一代又一代的教师们在教书育人、学生管理方面的用心和创意。具体说来，"朴素德育"与"扎实智育"的具体做法主要体现在以下两个方面。

#### 1."朴素德育"

思想决定行动，"让孩子因为我们而幸福"的教育理念是育才所有教育行为的基石,尤其应该是德育工作的出发点和立足点。育才中学通过牢固"育人先育德"的观念、推进"一周一仪"活动、加强校园文化宣传、创新开展"书香校园"活动、营造爱国主义教育氛围、升级校园广播"午间音乐"板块、设计高效主题班会、增加学生发展平台、打造精品校园活动等形式,从观念树立、文化宣传、氛围渲染、爱国教育、艺术熏陶等各个方面,贯彻落实"朴素德育"育才中学德育主题和具体举措如表 3.2 所示。

表 3.2 育才中学德育主题和具体举措

| 德育主题 | 具体举措 |
|---|---|
| 牢固"育人先育德"观念 | 通过开学典礼、始业教育、值日教师会议、班主任会议等一系列开学常规工作,要求老师在平时严格要求学生的行为习惯,强化德育效果 |
| 推进"一周一仪"活动 | 按周次整理并系统发布"一周一仪",让学生在行为习惯方面贯彻"样样落实、天天坚持"的校训 |
| 加强校园文化宣传 | 开展校级主题展板布置并进行评比;校外宣传橱窗、电梯海报根据校园活动进行着持续更新 |
| 创新开展"书香校园"活动 | 每周一位老师推荐自己私藏好书存放至书吧,每周评选"文明小读者",每月表彰"文明小读者"最多的班级 |
| 营造爱国主义教育氛围 | 定期开展主题环境布置、手抄报比赛,进行了"一二·九"诗歌朗诵、国家公祭日主题国旗下讲话等活动 |
| 升级校园广播"午间音乐"板块 | 每天一个主题,为学生舒缓情绪,营造优雅的学习生活环境,增加师生们午间活动幸福感 |
| 设计高效主题班会 | 针对重点学生进行班主任、学生处个别谈话,成效显著 |
| 增加学生发展平台 | 除期中、期末考试等校级层面的学生表彰外,各年级都根据本年级特点增加了大面积的月考表彰活动。表彰的维度多、人数众、覆盖面广,各班各年级也在各自网络平台上对优秀学生进行了宣传,让更多孩子获得了学习成就感 |
| 打造精品校园活动 | 成功组织趣味运动会、美食节、秋游、科技节、艺术节、元旦文艺汇演、香泡采摘、期中表彰大会等大型学生活动,丰富校园文化,让学生通过更多活动爱上校园 |

2."扎实智育"

扎实的智育主要体现在育才从一而终贯彻落实的朴素"教学六步法"。教学六步法包括三次备课、分层授课、全批全改、个别辅导、阶段测试,分析调整。以三次备课为例:第一次,独立备课,形成教学思路和教案;第二次,集体备课,突破重点难点,探究最合理教学方式;第三次,课前课间及时调整,突出课堂亮点。学生的学习六步法,即预习落实、听课认真、作业独立、纠错及时、考试诚实、多想多问。教与学的六步法,不赶时髦,却紧紧抓住了教与学过程中,质量形成的各个关键节点,科学严谨,切实有效。"教学六步法"是指导育才教师常规教学的基本方法,为学校开展"扎实智育"提供有力保障。

# 三、稳固期的育才管理(2005—2010 年)

进入新世纪后,全国基础教育界的发展出现了"走集团化的发展道路"的新趋势。到目前为止,杭州市大大小小的教育集团已达到七八十个。育才根据杭州市的实际情况和学校的现状,将发展路线确定为"适度规模,多点布局,类型多样,协同发展"。通过严格控制招生数量确保合理的质量管理跨度,同时提高对学生因材施教的个别化教育程度。在保证发展质量的同时,校长审时度势抓住学校扩张的机会:2005 年,一所热点国有民办学校从杭州城西远迁城北,杭州城西地区出现了优质民办学校的真空,校长立即在该区块创办了杭州市锦绣中学,面对"锦绣中学为什么不叫育才分校"的质疑,校长认为,尽管"育才分校"的招牌可以为学校集团的宣传省力,但是如果把筹码全部押在育才这张桌子上,就很可能会出现牵一发而动全身的局面,"不把所有的鸡蛋搁在一个篮子里"才是正确选择。如果能够在不同区域再打造一所独立的精品初中,也就为育才未来的发展布设了化解危机的应急预警机制,借此可以闯出一条富有育才特色的中国民办教育之路来。通过两年的运作,锦绣中学已经站住了脚跟,各项质量指标达到甚至超过了育才中学,在杭州城西地区的影响力正逐渐超过育才中学。短短两三年时间,锦绣中学已经被业界和广大家长看好,成为家长满意度高,社会美誉度高的优秀示范初中。

2008 年锦绣中学首次参加中考即以 72.39% 的省一级重高上线率取得全市中考第一名。秉承上述思路,育才校长于 2007 年创办小学以及 2009 年创办杭州东南中学,目前这两所学校的发展也正按计划顺利进行。

### (一)管理模式:精细化管理

从建校之初到逐渐稳定下来,育才中学的校长和教师们付出了近 8 年的心血,到了 2008 年左右,育才的发展处于稳步上升阶段,校长和教师们不用再为学校的生存担忧,稳定而优异的中考成绩为育才树立良好的口碑,优秀的生源和师资不断汇聚到育才。为了弘扬育才的管理理念,扩大自身的影响力,校长开始创办分校,主要在杭州创办了锦绣、东南两所学校,并在丽水创办了 3 所分校,将育才优质的教育理念和实践经验传播至浙江省范围内。

分校的创立是育才稳定发展和出色成绩的有力证明,但随之而来面临的是管理模式的变革。校长在这个阶段做出两个战略决策:反思和革新。首先是反思。育才之所以能在创校至今取得诸多荣誉,根源于其因时制宜的管理理念和踏实朴素的教学实践,而非一蹴而就的偶然成功。因此,总结和继承育才的优良传统与管理经验尤为重要。只有在回眸历史继承精华的基础上展开新一轮管理变革,才能推陈出新再创佳绩。反思所形成的专著《八年磨一剑》,成为育才出发的新起点。其次是革新。分校的创立使得设立分校校长的诉求变得急切,学校规模的快速扩张也对学校管理的效率提出挑战。为了切合学校发展的步调并保持管理教学的效率和质量,总校长将企业"精细化管理"这一模式引入学校管理系统,组织结构更为立体化。

"精细化管理"的具体举措主要为师生的时间管理表和"29 级台阶"制度。

师生的时间管理表是育才中学实行"精细化管理"的一项具体举措。学校要求教师通过《时间管理手册》提前安排一周教学事务,在考试前两周,教师和学生会为自己量身制定《考前时间管理表》。来合理安排复习内容和科学规划复习时间。考前时间管理表,有利于督促师生合理规划时间,劳逸结合，在取得优良成绩的同时促进身心健康发展，为学校管理高效和教学高效提供了有力保障。

"29级台阶制度"是育才中学实行"精细化管理"的另一具体举措。学校将一年的常规工作分成29块，称为29级台阶，在工作执行过程中可参考和学习往年的"模板"，提高工作效率，将常规工作"模板化"能够在最大程度上提高效率，将学校更多的资源投入学校的"提升"与"创新"环节。

"精细化管理"的细则主要由校长制定，教师们可以提供建议和辅助，校长经常组织教师们进行"头脑风暴"对学校的管理细则不断做出调试和更新，以便最大限度地提高学校的运作效率。对于教师来说，这种"精细化管理"细则就像是企业的员工手册，为每位新老师加入育才提供了全面而充分的信息和安排其中。由此可见，育才管理最大的优势在于"执行力"，每位教师员工都非常清楚校长的管理职责并且以充分的尊重和赞同来保证其执行到位，精细化管理模式下校长与教师的精诚合作是育才在稳固期进行提升和扩张的有力保障。

从初创期的"扁平化管理"到稳固期的"精细化管理"，中层领导干部的扩充成为势必要完成的管理走向。育才中学所有中层干部的选拔依据都是个人的才能，并且由校长负责所有的选拔和任命。为了培养适合育才发展和开拓的领导团队，育才中学开设了两个班：一个是校长工作室，职责在于培养一般干部；另一个是高级研修班，旨在培养校级领导。所有在这两个班学习和升任的领导成员均来自一线教师队伍，"空降兵"的现象是坚决杜绝的。

唯才是举的传统也体现在育才教师招聘流程中。育才教师的招聘通常来说都是面向全国招聘，名校毕业不会成为其招聘的必要条件，教学能力是校长最看中的部分，通过校长和教师的层层面试和课堂讲授考验，求职者才有机会获得入职机会。育才的招聘流程除了和其他学校常规流程相同的环节之外，有一个特殊的环节，那就是给每一个投递简历的求职者参观校园和参加校长讲座的机会，这个环节在校长看来十分可贵。校长希望每一位有意向到育才工作的求职者都能够近距离感受育才的氛围和文化，并且通过讲座理解校长的办学理念，哪怕最后并不是每一位求职者都能够进入育才工作，但这样的环节也能给求职者日后的工作经历带来一定的积极影响。校长广纳良才的态度给很多求职者和教师以充分尊重的深刻，也为育才带来一代又一代优秀的教师和课堂。

稳固期的育才中学，在反思创校经验的过程中不断推陈出新，逐渐形成学校、老师独特的"识别码"。

### (二)教师管理

名师的成长与发展离不开行政推动、进修培训、学校管理、自我修炼等要素，但强化校本管理有利于克服名师培养的偏差，能有力把握名师成长的根本与关键——强化自我发展和植根课堂发展，为名师的持续发展提供切实保障。师以校名，校以师名。学校是名师专业成长的第一场所，也是名师成名与再发展的主要之所。学校是名师的持续发展之地：一是成长意识，二是课堂意识，三是实践意识。①

1. 强调务实校风

"样样落实，天天坚持"这一朴素的口号凝聚的是育才校长和教师务实的价值追求，育才的人才培养目标并不是指向培养杰出的领袖，而是培养务实的学习者。在教师管理方面，稳固期的育才中学十分注重教师队伍文化价值观的认同，尤其是新教师对育才文化的认同。"样样落实，天天坚持"作为育才的校训指引着全校师生务实的工作和学习，将校训转化为举措。这种务实的准则体现在教师需要恪守的五条价值观，体现在育才教师面向社会做出的六项承诺。这些具体举措与教师自身的约束力相结合，为学校在稳固期的发展迎来良好的机遇。教师队伍中也出现因价值观念冲突而离职的现象，校长认为这对于育才师资队伍的建设也是重要的筛选和洗礼过程。

2. 形成文化认同

稳固期对于教师的管理还体现在形成育才教师的独特识别码。

---

① 高翔，宁新炎."名师"专业自主性发展的校本管理路径[J].教育理论与实践，2009(32):26-28.

学校里每个科目的老师都有自己独特的识别码：最"雅"莫过教语文；站到"潮"头教英文；"静"下心来教数学；教好科学做"能"人。校长坚信一所好的学校，应该是一所有风度、有深度、有亮度、有热度的学校。文科老师决定其风度，理科老师决定其深度，音、体、美等活动学科的老师决定其亮度，行政后勤的同事则决定其热度。只有老师们各具特色，孩子们的学校生活才能有声有色。

### (三)课堂管理：打造高效课堂

稳固期的课堂管理将重心从"自编课程"转向"高效课堂"。由于稳固期学校规模急速扩张，学生人数显著增加，使用自编课程具有现实操作难度。如何在使用统一教材的同时保证育才课堂的教学质量成为课程管理亟待解决的问题。该阶段课堂管理的核心是通过改变上课模式，参加"C20 慕课联盟"，强调翻转课堂和"互联网＋"，强调信息技术在课堂上的运用，打造高效课堂。高效课堂在课程管理的政策方向落脚于"决胜课堂"这一举措，旨在提升课堂效率(见表 3.3)。

表 3.3　育才中学稳固期课程管理实施举措

| 实施举措 | 具体做法 |
| --- | --- |
| 备课分工合作，各取所长 | 备课小组集体备课时，先全组精备一部分内容，每人再备自己最擅长的课型，然后全组资源共享 |
| 各教研组有针对不同课型的成熟的基本教学法 | 在教学实践过程中，倡导对已经被证明是有效的教学方式实行"拿来主义"，不提倡挖空心思去进行形式上的创新 |
| 精选、精编练习 | 在以教材课后练习为主的基础上采用了两个做法：①各组老师先选定若干配套练习，然后把每本练习中适合学校师生用的某一部分选取出来，组合成册；②老教师提供点资料，年轻教师编写创新题。同时要求老师尽量做到把布置给学生的作业事先做一遍。这样做一是为了估计学生所需的完成时间，二是可以删掉不必要的练习题 |

| 实施举措 | 具体做法 |
|---|---|
| 面批一部分同学的一部分作业 | 学校要求每位老师每班面批作业的人数不能少于 10 名同学,面批的对象、时间、地点不固定,由老师根据需要决定 |
| 课内独立三道题 | 这个提法主要包含两层意思:①只要课型适合,尽量精讲多练,保证最低程度的学生在课内有独立完成三道题的时间;②杜绝老师始终掌握不到部分学生真实作业情况这类现象的发生 |
| 和学生交朋友 | 初中生比较情绪化,很容易被情感左右。一旦他们不喜欢某个老师,连带着也会不好好听课,不认真作业,甚至会厌恶这门课的学习。所以,学校一直大张旗鼓地要求老师和学生交朋友,让学生喜欢,最好崇拜老师。如果做到了这条,学生的听课效率、作业质量、思维品质,一定会达到满意效果 |

### (四)学生管理

稳固期的育才中学,为了巩固和提升教学质量,在学生管理工作上的重心为:认真贯彻落实育才中学的学生学习六步法(见表 3.4)。

表 3.4　育才中学学生学习六步法的步骤及具体做法

| 步骤 | 具体做法 |
|---|---|
| 预习落实 | 预习是弹性作业,所以学生的重视程度、完成质量普遍不高。育才的做法是对具体科目的预习要求增加刚性规定,例如,语文的预习要求是,每天读完新课后,写 3 个不懂的问题,第二天老师抽查;英语的预习要求是朗读、背诵作业并录在磁带上 |
| 听课认真 | 这项规定要求学生认真听课,不能开小差。同时对老师的备课、教学语言、授课节奏都提出了非常高的要求。只有时时出彩、处处出新,又设计合理、恰到好处,才能抓住学生的注意力。在实际教学中,育才对每一堂课的时间进行了切分:上课开始的 5 分钟用于检查课前准备,复习旧知识,实施知识迁移;第 6 分钟到第 25 分钟是讲授新知识的关键时段 |
| 作业独立 | 这项规定要求学生独立思考和完成个人作业,学校要求育才的学生们人人树立起"抄作业可耻、类同小偷"的观念。独立思考是一个重要的学习过程,需要调动学生所有的知识储备,不断地复习、梳理、运用所学知识,对思维的锻炼无疑是大有裨益的 |

**续表**

| 步骤 | 具体做法 |
|------|----------|
| 纠错及时 | 纠错的重要性,人人皆知,无非是学校的执行力度的大小有异。这条在时间上做了刚性规定:错不过当天,要求每日清 |
| 考试诚实 | 这项规定主要针对平时的随堂单元测验、每月测查等非正规考试。这样的考试对学生们的诚信提出了更高的要求。和学生有言在先,如果这条出问题,所有的评比、荣誉一票否决。让学生一进校门就知道考试不诚实的代价将是非常高昂的 |
| 多想多问 | 这项要求是对平时学习的要求。多问主要是让学生克服"怕难为情,怕老师烦,怕同学认为自己不够聪明"的心理。同时明确告诉学生在育才,会问的学生、敢问的学生,是最受老师喜欢、同学赏识的学生 |

# 四、拓展期的育才管理(2011 年至今)

随着中国经济社会的快速发展,在越来越国际化、现代化的华东热土上,育才在新的历史方位开始了面向国际化的变革。从稳固期到拓展期,学校的规模显著提升,更重要的是,学校的管理理念与时俱进,"成为中国基础教育的一面旗帜,成为世界基础教育的中国样板"成为育才在拓展期孜孜追求的最高目标。在这一时期,育才的管理模式、教师管理、课程管理和学生管理在传承优秀特色的基础上,拥有了一些新的内涵。

**(一)管理模式:推动六维管理,服务学校新战略**

1.六维管理原则①

在这一时期,育才逐渐提炼出自身独特的管理原则,即"六维管理"方法。"六维管理"解决的是"该不该""会不会""新不新""变不变""美不美""能不能"的问题;从上到下,从点到面,把"文化、特色、变化、创新、艺术、执行"这 6 个纬度串起来,从而确立起正确的核心体系,处理好学校发展过程中的每一件事。育才坚定不移地实施"六维管理法",并在实践中不断加以完

---

① 邵晏中.六维管理和解放优秀生计划[J].浙江教育科学,2008(1):7-9.

善,从而使育才逐渐成长为为杭州市最具影响力、最有吸引力的学校之一。

(1)立足文化,确立"学校第一价值观",做正确的事。一所学校的校风、教风、学风以及社会口碑在很大程度上取决于能否确立学校第一价值观,使之成为全体员工的共识,并能围绕它做正确的事。正是在这样的思考之下,育才中学全体教职员工展开了深入讨论,最后一致达成共识:育才的第一价值观是"做一所一身正气的百年名校"。第一价值观赋予育才领导、教师和学生以统一的价值选择:在领导层面,育才杜绝收取赞助费,并且在自身经费拮据的情况下慷慨援建 3 所希望小学;在师资层面,育才教师队伍勤奋敬业,永远激情澎湃,师德师风有口皆碑;在学生层面,育才学子人人以校为荣。

(2)提炼特色,确立"学校鲜明的个性特征",正确地做事。在育才校长"从未来往现在想,从现在往未来做"的思维模式下,学校远景蓝图的设计在创校之初就呈现在校长的脑海中:我要把这所学校办成什么样? 形成什么样的风格? 然后矢志朝这个方向努力。育才中学初创时确立"质量好、风气好"为办学标准和奋斗目标,将"抓得紧、盯得牢、学得好"作为育才的鲜明个性特征去塑造。学校创办至今严格落实这两项原则,并且在杭州市赢得了教学质量优质的稳定口碑,"抓得紧、盯得牢、教学质量优异"成为育才区别于同类学校的鲜明特征。

(3)拥抱变化,确立"大视野、大气度"格局,变通地做事。在校长看来,育才要有"大视野、大气度",才能实现大发展、大格局,主要决策者始终要有把握方向的能力,擅于把事件、现象、小部门、小单位放到大环境、大背景中去思考单位的发展。育才中学靠升学率一鸣惊人,靠升学率站稳了脚跟,但当全社会都在检视中考,高考制度,各种改革呼声、实验试点层出不穷,教育改革势在必行的大背景下,育才变不变? 如何变? 往哪儿变? 思考的结果是"狠抓教学质量不能变,但光有教学质量的格局必须变,面对新的形势领导层必须找到让学校继续高走的第二条路、第三条路,这就是育才中学的三大特色品牌:"稳定优异的教学质量","卓有成效的德育模式","独树一帜的教学方法"。

(4)依托创新,确立"人人都会的决策程序",做与时俱进的事。做决策并不是校长一个人的事,其实全校上上下下,人人每天都需要做决策,只是决策的内容、性质、程度不同而已。因此,学校一定要有一套做决策的方法,把它普及到每个员工,从而提高全单位的决策水平。育才中学做决策的程序如下:明确目标;情势分析(着重分析"优势、劣势、机会、威胁";分析内部可控制因素、外部不可控因素);找出优势;找出问题;找出主要问题;充分发挥优势,设计出解决主要问题的方案(至少两个以上);选择最佳方案。用这套程序大到可以解决学校的发展方向,小到可以解决班主任如何调整最佳座位等。

(5)融会艺术,确立"以柔为主的领导风格",把事情做得有美感。每个管理者都有自己的管理风格,这个管理风格最好和所管理的单位、对象相适应,育才中学创校以来一直以柔性管理为主,初创期育才的教师队伍主要由老教师构成,教学管理依靠老教师们多年来养成的良好工作习惯自律来实现。稳固期的育才中学随着大量新教师的加入,制度管理等刚性的东西比重正逐步增加。校长始终坚持在管理中要做到"刚柔并济,张弛有度",其管理的对象无论长幼都是知识分子,所以在学校里最好是以柔性管理为主,辅之以适度的刚性管理。从几所分校实践情况看,效果是非常明显的。

育才中学集团职务晋升管理结构如图 3.2 所示。

尽管现今管理结构变得更复杂,分工更细化,但学校的领导管理依然延续了柔性管理的原则。

> 现在流行管理干部,尤其是知识分子多的地方,层次要少。因为是学校工作,而且是这种独立性比较强的工作。老师教育教学工作独立性还是比较强的,尽量还是扁平,不要让它需要很多级的请示和汇报。这样会影响他的创造力和积极性。关起门来我去指导谁,现在几百堂课在开,我能指导谁,我能控制谁,全靠他自己的。所以层级不要多,给他空间,让他有发挥空间,课堂里都是他发挥的空间。我们有别于人家的特点,就是我们用了校务委员制度。公办学校用教代会来决定最重大的事情,我们教代会是没有搞,但是搞了校务委员制度。校务委员制度就是有别于其他的行政班子开会,好像只有几个比较高的领导开会,那样信息可能会比较单一。我们校务委员制度是有教研组长、年级组长、中层干部这样组成的,然后又特邀普通教师。他的代表性就很广泛,一周碰一次头,有别于一般学校的教代会。

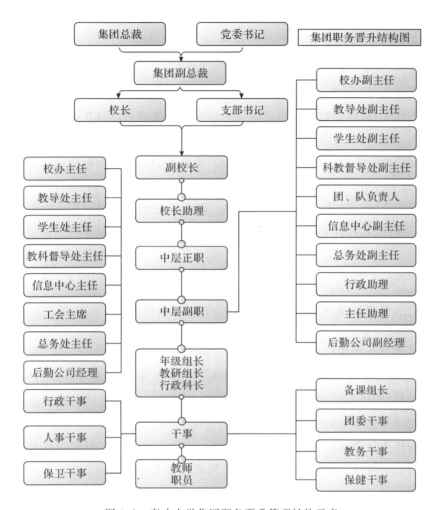

图 3.2　育才中学集团职务晋升管理结构示意

　　学校的工作由每周的校务委员会会议商讨决策与执行,学校的各个职能部门不同方面的工作以校务委员为平台进行集体沟通与合作交流,具体执行事务的信息传达不超过 3 个管理层级用直接开会的方式尽可能减少信息和落实的流失和误差;日常教学事务更多由分管教学的副校长直接找相关老师对接与配合。因此,育才中学分校长将此解释为"扁平化管理的高端阶段"。

　　(6)重在执行:确立"便于操作的管理模式",把事情做成功。要提高工作效率,提高执行力,就一定要善于把工作中成熟的、个别化的东西上升到一般,使之格式化,理论化,便于复制。育才中学的管理经验被校长概括为一句话:十条措施、五个有效、一种精神。

### 2.国际化战略

处于拓展期的育才中学不再将重心放在学校规模的扩张上,而是强调学校的国际化,面向中国大地乃至全世界输出教育影响力。与发达国家名校校长互访、学生暑期交流访学及建立姊妹学校关系等计划体现了育才校长在增进国际交流合作方面的努力。"进军上海"策略是目前育才国际化战略的关键步骤,在上海创办国际学校有利于最大程度上扩张育才教育的辐射范围,拓宽国际化的道路。在这一时期校长工作室、高级研修班的培养计划也在为进军上海、培养国际化人才做准备。纵观育才的从创校到发展,其影响力都以输出管理模式的途径实现,但随着集团的扩张,管理模式的输出已经不能满足创办国际学校的实践要求,因此培养未来发展所需的人才和领导团队尤为重要。

### (二)教师管理:引入分布式领导,提升教师领导力

#### 1.分布式领导的理念与实践

(1)分布式领导的内涵。分布式领导最早产生于20世纪50年代的社会心理学领域,可追溯到澳大利亚心理学家吉布(Gibb)在测量小群体或团队成员之间相互影响的参与式群体文献中。吉布在1954年的《社会心理学》一书中提供了分布式领导的组织结构图。一开始该概念并未引起研究者的注意,直到90年代中后期,随着学习型组织理论在教育领域的运用以及西方各国教育管理体制变革与教学领导的发展,分布式领导的概念才受到教育学者的瞩目并将其广泛应用于教育改革实践。

早期学者对分布式的理解相对模糊,存在一些定义松散的问题。谢莉(Shelley)和梅尔尼科(Melnic)将分布式领导作为集中领导(focused leadership)的对立面;而在组织动力学中,巴里(Barry)则将分布式领导作为"无领导小组"或"自我管理团队"的同义词。皮尔斯(Pearce)和斯丽姆丝(Slims)使用"分享式领导"替代分布式领导;还有学者认为分布式领导意味着"授权、民主、自立"①。直到21世纪开端,分布式领导的概念研究才得以实现质的飞

---

① 刘幼玲.近十年国外分布式教育领导研究述评[J].上海教育科研,2010(8):34-37.

跃，定义逐渐明朗化。其中比较有代表性的观点有：澳大利亚学者拉克姆斯基（Lakomski）认为，"领导及领导的影响是分布于有结构的组织关系之中的，是以组织中种种联合力量的形式表现出来的"。英国学者哈里斯（Harris）认为，把领导看成是发生在组织层面而不是发生在个体层面或小群体层面的活动，分析领导实践的恰当单元不是占据领导职位的个人或占据领导层的少数几个人，而是整个学校组织。美国学者斯皮兰（Spillane）认为，分布式领导是形成于领导者、追随者以及情境三者互动过程中的一种领导实践。在斯波兰的定义基础上，可以对分布式领导以往的概念进行分类，大致分为以下三类：从研究目的来看，可分为理论式和应用式；从领导者分布特征来看，可分为将领导力分布于多个领导者手上的领导者增量式（leader plus）和组织各成员之间进行各种形式的合作与参与的领导行为整体式；从领导力分布属性来看，可分为任务分布型和影响过程型等。从中可以看出，研究者们已从分布式领导概念的不同解释跨越至整合概念的研究。

分布式领导研究的困难往往集中在缺乏对"领导"的统一定义。多年来学者们提出了许多定义，包括认为领导作为一种特质、管理系统中的一种新兴财富甚至是社会结构。例如，加里·尤克尔（Gary Yukl）在《组织领导学》一书中提出了这样的观点：领导力是"影响他人理解和认同需要做什么和如何去做的过程，以及促进个人和集体努力实现共同目标的过程"[①]。这些将领导与影响联系起来的定义已经假定了影响是单向的，或者至少具有主导的方向性。然而，另一些人认为影响应该是双向流动的，正如霍兰德（Hollander）和朱利安（Julian）所指出的那样，"领导者与追随者之间关系的维系取决于两者都在一定程度上被双方的影响力所牵制"[②]。因此，赫尔维茨（Hurwitz）和 Hurwitz（2015）提出对"领导"的另一种定义：领导层设定其他人采用的行动准则框架（framework），追随者在其创造的准则内工作。这个定义包括了"建立在可度量行为基础上的要求和准予"的这一层意思。例如，如果某人建立了一个同伴会随之模仿的行为典范，那么至少在那一刻，

---

① Yukl G. Leadership in organizations(8th edition)[M]. New Yerk：Pearson，2012：7.

② Hollander E P, Julian J W. Contemporary trends in the analysis of leadership processes[J]. Psychological Bulletin，1969(5)：387-397.

这样就是领导力,行为者是领导者,模仿的反应就属于追随(followership),模仿的人就是跟随者。如果没有人回应最初的行动或者参与互补的行动,那么这将是一次不成功的领导尝试。典型的领导力介入行为,如创建愿景和使命,设定目标,消除障碍,管理任务或鼓励团队合作等,都很适合建立准则,而其他人则在该准则内工作,这是领导行为。这一定义在时间上有局限性,即具有即时性和情境性,领导力可以随着设置准则框架或在准则框架中工作的人变化而发生变化。因此,分布式领导被定义为在组织中由多个层级的成员而不是组织顶层的个人领导者来执行的决策和有影响力的实践。① 分布式领导还意味着领导者和教师之间的相互依赖,而不是教师对领导者的依赖。②

分布式领导是对于一个群体而言的整体性概念,而不只是不同个体行为的累加,它强调的是群体智能。一个人做出的决定往往不如多数人做出的决定精确。集体智慧是一种共享或集体智慧,是汇集公众意见并将其转化为决策的过程。它来自于许多个人的合作、协调和竞争,较少关注个人能力才智,更重视领导行为和创意领导活动的集体责任;它的重点不在于"领导者",而是更多地关注创造性学习环境和共享领导力发展。但是,分布式领导的"分布"一词,往往会将人们的目光引导至领导角色分布和领导权力分配的方向上而产生误解。实际上,在分布式领导思想中,分布学校领导工作的要领不在于领导角色和权力的分布,而在于领导影响的分布。③ 管理者不会理所当然地成为领导者,而且不仅仅限制在管理者才可以承担管理责任。领导力是一种能够赋予每个个人或团体的有效领导。

许多人会质疑分布式领导这个概念并没有提出新的内容,只不过是分权或授权的另一种说法。实际上,分权或授权向外分散的是权力,但分布式

① Leithwood K,Mascall B,Strauss T,et al. Distributing leadership to make schools smarter:taking the ego out of the system[J]. Leadership & Policy in Schools,2007(1):37-67.

② Spillane J P,Halverson R,Diamond J B,et al. Towards a theory of leadership practice:a distributed perspective[J]. Journal of Curriculum Studies,2004,36(1):3-34.

③ Spillane J P. Educational leadership [J]. Educational Evaluation & Policy Analysis,2003,25(4):343-346.

领导向外散布的是领导力,两者之间存在着本质区别。分权分出去的是决策权、人事权、财务权等处理具体事务的正式管理权限,而分布式领导更强调分散的是愿景激励、个性化关怀、领袖魅力、德行垂范等与特质和行为相关的影响力,正式的领导和非正式的领导往往并存。分权和分布式领导或许在很多时候表现出一定的相关性,但在逻辑上并没有必然联系。

综上总结,分布式领导的"分布",并不仅仅在于把领导的权力和责任分摊给更多的人,而在于把领导的职能分布到持有不同专长的人群之中,让他们在团队中发挥引领作用,以便达到专长互补、协同增效的效果。

(2)强调教师领导力。教师领导力在不同阶段发挥不同作用。在初创阶段,校长设立的发展愿景成为学校发展的核心。"校长太重要了。什么东西都需要自己设计,这个你不能回避。育才刚做起来,我当然最重要。我怎么去弄,那就会招来什么样的学生,我有什么样的理念,就会招来什么样的老师……我是一个什么样的状态,老师和学生就会成什么样的状态。"但是,随着育才中学规模越来越大,分校越来越多,教师的领导力作用日渐凸显。"但当你的员工越来越多,年轻人越来越多,学生越来越多的时候,怎么可能校长是第一呢?不可能的。老师的重要性就慢慢出来了。我的本事要体现在终端上,就是我的员工,他认不认同我提炼出来的这个价值观,他受不受我们文化的监督。首先是要价值认同、文化引领,然后依靠老师来管学校。"教师领导力对于践行整个学校的价值与办学理念也至关重要。例如,分管育才中学的分校长也认为:"我们受总校长的领导,他是董事长,他讲的一些办学理念、办学思想的具体落地、具体操作、具体实践,都需要下面去践行。"教师领导力是有效践行办学理念的重要保障。

育才中学十分重视教师的专业发展和领导力的培养。通过对教师工作表现和能力特长的考察上,校长亲自选拔和任命优秀的老师进入校务委员会,参与学校的管理和决策,并开设了两个班,一个是校长工作室,职责在于培养一般干部,另一个是高级研修班,旨在培养校级领导,所有在这两个班学习和升任的领导成员均来自一线教师队伍。

同时,学校鼓励教师参与市区内外的教师培训,通过学科备课组集体备课、互相旁听,不断精进自己的备课与授课。在教师团体内,除了正式的学科组织会议,老师们还经常通过微信群组等网络社交媒体,食堂就餐、校园散步等非正式场合交流教学动态与互相咨询。育才中学还举办"好课邀请赛"，邀请本校和来自全国的优秀教师一起赛课，进一步提高教学质量和课程领导力。而对于新手教师，他们不会在第一年直接走上讲台授课，而是在家长服务中心锻炼，需要面对包括家长在内各种各样的人才能更加了解学校、磨砺待人接物之道，同时以师徒结对的方式长期跟着"师傅"老师听课，学习如何备课上课，在试讲通过后才能正式进入课堂。

　　（3）共同分担责任。在共同分担责任的背景下，领导活动应该由组织中的众多人共享分担。埃尔莫尔（Elmore）提出在许多组织中人们会具备不同的技能和能力，并与他们各自的倾向素质、兴趣、天赋、先备知识以及专业角色息息相关。① 同时，这些分担领导责任的人员必须得到专业发展，以便个人学习和成长。德福尔（DuFour）和埃克（Eaker）认为，在为个人提供专业发展的同时，他们会更有效地帮助学生学习。② 分布式领导的共同责任作为相对于英雄式单一领导者的另一种观点，正在慢慢地获得更多的支持者，有助于增强人们有效完成工作的个体性和集体性的能力。

　　育才中学校长根据不同的任务性质和教师专长，在成立校务委员会之后，任命有突出能力和潜力的教师负责擅长的工作（见表 3.5），这不仅可以减轻校长和中层领导者的在具体工作上的压力，也有利于培养育才中学的领导与管理团队后备力量。

表 3.5　育才中学校务委员会成员分工

| 序号 | 职务 | 分工 |
| :---: | :---: | :--- |
| 1 | 主任 | 全面负责校务委员会工作 |
| 2 | 委员 | 负责学校教学工作 |
| 3 | 委员 | 负责集团后勤公司、学校安保工作，联系区教育局安全科 |
| 4 | 委员 | 负责总务工作 |
| 5 | 委员 | 协助集团党委书记工作；负责初三年级工作，分管 2017 年初一招生工作 |

---

　　① 　Elmore R，Washington D. Building a new structure for leadership. [J]. American Educator，2000，23：6-13.

　　② 　Dufour R，Eaker R. Professional learning communities at work [J]. District Administration，2007，16(5)：862-864.

续表

| 序号 | 职务 | 分工 |
|---|---|---|
| 6 | 委员 | 负责教务处工作,负责 Y"天天练"、小学体验营对接,联系区教育局普教一科、督导室 |
| 7 | 委员 | 负责学校党支部工作、党建课程开发 |
| 8 | 委员 | 负责学校各项考试工作,负责科学教研组、校务委员会秘书工作,联系区教育局普教二科 |
| 9 | 委员 | 负责学校教科研工作,联系区教育局教研室 |
| 10 | 委员 | 负责学校人事工作,负责各类大型会议组织工作,联系区教育局人事科、办公室 |
| 11 | 委员 | 负责学生处、校团委工作(班主任管理、学生各项活动、行为规范、评优、值日值周、橱窗宣传等) |
| 12 | 委员 | 负责杭州后勤公司工作 |
| 13 | 委员 | 负责学校信息中心、学校劳资工作,兼管慕课工作 |
| 14 | 委员 | 负责学校初一年级、学校接待工作(校长工作室) |
| 15 | 委员 | 负责初二年级工作 |
| 16 | 委员 | 负责体育组教研工作,负责运动会、国旗班工作及学校各项学生大型活动秩序。 |
| 17 | 委员 | 负责活动组教研,负责学校各大节日活动组织与协调、学校美化设计工作 |
| 18 | 委员 | 负责组织学校各项文字材料 |
| 19 | 委员 | 负责语文组教研、语文课程开发 |
| 20 | 委员 | 负责数学组教研、数学课程开发 |
| 21 | 委员 | 负责英语组教研、英语课程开发 |
| 22 | 特邀委员 | 负责思政组教研、思政课程开发 |
| 23 | 特邀委员 | 负责科学组 STEAM 课程开发 |
| 24 | 特邀委员 | 负责"云课堂"、微课程开发 |
| 25 | 特邀委员 | 负责外事接待工作 |

育才中学的分校长在谈及学校支持教师超常规成长的时候说道：
"教师首先要勇于做事，不要担惊受怕。你不做你就体验不到做这件事
情当中的一些酸甜苦辣和成功的喜悦。其中经历艰难、抉择都很重要。
我们现在在培养人的时候，就往往缺少一个情景，要能够给他们制造一
个比较好的冲突比较激烈的情境，一定要给老师们成长的机会，除了要
帮助他们，支持他们，还需要他们勇于去承担一些事情。"许多老师会在
不同工作上兼任多项职务，例如有老师在教学上、行政上以及学校党组
织建设上分别担任教研组长、校务委员会委员以及宣传组长，老师的工
作任务增多了，但是通过工作的锻炼和校内外培训，在其专业领导上获
得了显著的成长和进步。

（4）领导实践

斯皮兰认为，领导实践是学校领导、追随者和他们的情景之间相互作用
的产物。[①] 领导实践指明了学校领导者应该如何定义自身、呈现和实现他们
在领导过程中与他人的互动。此外，具体的领导实践还可以让人深入了解
学校领导者的行为和学校结构中的领导程序。斯皮兰认为，领导力实践是
通过领导职能来进行的，而埃尔默（Elmore）则认为领导者将团队责任分配
给团体。[②]

在育才中学的日常教学中，教师会以年级组为单位展开集体备课。首
先在集体备课之前要先独立备课，形成自己的教学思路和教案，发挥教师个
人的独创性和自主性。随后在集体备课中，老师们一起分析针对突破重难
点，探究最合理的教学方式。此外，教研组长会代表学校参加校外市区的学
科教学研讨会，例如，语文教研组长从区教研员处了解和学习到新的课堂教
学和考试新动向，通过自己的分析讲解传达给学科的备课组长以及语文老
师。在学业测验之后，学校会开展质量分析会，例如，月考、期中期末考都会
举行质量分析会。在质量分析会之前都会老师都会整理数据、填写质分表，

---

① Spillane J P, Camburn E M, Pustejovsky J, et al. Taking a distributed perspective: epistemological and methodological tradeoffs in operationalizing the leader-plus aspect [J]. Journal of Educational Administration, 2008, 46(2): 189-213.

② Smith L M. A study of teacher engagement in four dimensions of distributed leadership in one school district in georgia [D]. Dissertation of Georgia Southern Univer.

以反思这段时期的教学方法和效果。

育才中学语文备课组长介绍:

> (质量分析需要)具体到每一个学科每一个考试数据的统计,在统
> 计过程中,语文老师会发现数据上的一些点,通过横向比较纵向比较,
> 会发现有些地方确实这个知识点可能我薄弱了,那么这份表里面,比如
> 说这张试卷里面你发现了就之前的问题,你有多少解决掉了? 在这张
> 试卷这次考试里面又发现了哪些问题? 那这些问题你打算怎么去解
> 决? 填好以后,老师们带着这份表在会议室里互相探讨。比如说某一
> 个薄弱的学科,某一个薄弱的班级和薄弱的同学怎么去做,那么老师之
> 间会有互相的交流,相互取长补短。

从中可以看出,在每个年级学科小组跨年级学科教学组中,全体教师
共同承担着不断提高教学质量和学生学业成绩的任务,而不是单打独斗。
老师每位都在集体合作交流中起到自己擅长教学方面的领导作用,集体智
慧得以彰显,并且在教师集体进步中更好地帮助学生在学业上获得成功。

2.教师管理中的非正式领导力:社会网络分析

(1)社会网络分析方法的应用。校长和其他被正式指认的领导者并不
是实施影响的唯一群体。非正式的领导者是组织的中流砥柱,这种情况在
学校也不例外。但是,只有留意和关注真实的学校组织现场,这类领导者和
他们的互动行为才不会被忽略。辨识出正式领导者和非正式领导的有效方
法之一是检视学校的社会网络。

社会网络指的是组织成员之间的联系,笔者在此着重分析教师在教学
部分寻求建议和信息的联系。在参考斯皮兰对教师网络调查问卷的基础
上,设计了题目来收集育才中学语文老师教学建议网络的相关资料。该调
查问卷询问育才中学教师成员,他们在任教科目教学上寻求建议和信息时
会找的对象、建议的类型(如教学策略、学科内容或教学材料等)以及寻求
帮助的频率以及对自己教学实践的影响程度,其中等级评定选项采用五点
计分法。

社会网络调查可以帮助我们辨认出不同情境中,既充当了领导者又是
跟随者双重角色的老师。社会网络可以体现出这样的互动模式。通过让老
师把自己放在跟随者的角色,就可以了解到谁对他们的教学工作发挥着领

导力影响。

教师在教学过程中会碰到各种难题。例如，如何更为有效地讲解一个知识点，如何更好地组织学生进行学习。每个教师都需要在教学问题上寻求同事的建议与帮助。寻找对方的原因也因人而异，并不一定全是因为正式的领导关系，而有可能是因为这个人在某个方面知识经验丰富，或者是因为他的社会网络资源丰富，或是这个老师值得信任可以诉说一下比较敏感的事情，又或者是这个老师是个很好的倾听者、鼓励者、推动者等等。如果找到施展影响的人的话，就可以更好地了解学校教学上领导力的分布情况。

（2）对育才中学语文教学咨询网络的分析。通过社会网络调查得到资料录入表格，在社会网络分析工具软件 Ucinet 处理后可转化为二值数据（见图 3.3）。根据数值运算，育才中学语文教学咨询网络密度为 0.812，说明育才中学语文组教师之间联系紧密，组织聚合性强。

```
                            1 1 1 1 1
           1 2 3 4 5 6 7 8 9 0 1 2 3 4 5
           A B C D E F G H I J K L M N O
           - - - - - - - - - - - - - - -
  1   A     0 1 1 1 0 0 0 0 0 0 0 0 0 1 0
  2   B     1 0 0 0 0 0 0 0 0 0 0 0 0 0 0
  3   C     1 0 0 0 0 0 0 0 0 0 0 0 0 0 0
  4   D     1 0 0 0 0 0 0 0 0 0 0 0 0 0 0
  5   E     1 0 0 0 0 0 0 1 0 0 0 0 0 1 0
  6   F     1 0 0 0 0 1 1 0 0 0 0 0 1 0 0
  7   G     0 0 0 0 1 1 0 0 0 0 0 0 0 0 0
  8   H     1 0 0 0 0 0 0 0 1 1 0 0 0 0 0
  9   I     1 0 0 0 0 1 0 1 0 1 0 0 0 1 0
 10   J     0 1 0 0 0 0 0 0 0 0 1 1 1 0 1
 11   K     0 1 0 0 0 0 0 0 1 0 1 1 1 0 1
 12   L     1 0 0 0 0 0 0 1 0 1 1 0 1 0 1
 13   M     0 0 0 0 0 0 0 0 1 1 1 0 0 0
 14   N     0 0 0 0 0 0 0 0 0 0 0 0 0 0
 15   O     1 0 0 0 0 0 0 1 0 1 1 0 0 1 0
```

图 3.3　育才中学语文教学询网络的二值数据示意

运用计算每个节点入度中心性（degree centrality）的检测方法，可以识别出语文教学领域的教师领导者。中心性是测量一个人直接联系他人的数量，在该咨询意见网络中，"入度"（in degree）表示向他寻求咨询性意见的人数。假定任何能向 3 人以上提供建议的人就是领导者，因此如图 3.4 所示，老师 A、H、J、K、N 是咨询网络中的领导者。

**Degree Measures**

| | | 1<br>Outde<br>g | 2<br>Indeg | 3<br>nOutd<br>eg | 4<br>nInde<br>g |
|---|---|---|---|---|---|
| 1 | A | 4.000 | 8.000 | 0.286 | 0.571 |
| 2 | B | 1.000 | 3.000 | 0.071 | 0.214 |
| 3 | C | 1.000 | 1.000 | 0.071 | 0.071 |
| 4 | D | 1.000 | 1.000 | 0.071 | 0.071 |
| 5 | E | 3.000 | 1.000 | 0.214 | 0.071 |
| 6 | F | 3.000 | 2.000 | 0.214 | 0.143 |
| 7 | G | 2.000 | 2.000 | 0.143 | 0.143 |
| 8 | H | 3.000 | 4.000 | 0.214 | 0.286 |
| 9 | I | 5.000 | 1.000 | 0.357 | 0.071 |
| 10 | J | 5.000 | 6.000 | 0.357 | 0.429 |
| 11 | K | 5.000 | 4.000 | 0.357 | 0.286 |
| 12 | L | 6.000 | 3.000 | 0.429 | 0.214 |
| 13 | M | 3.000 | 3.000 | 0.214 | 0.214 |
| 14 | N | 0.000 | 5.000 | 0.000 | 0.357 |
| 15 | O | 5.000 | 3.000 | 0.357 | 0.214 |

图 3.4　育才中学语文教学咨询网络的入度中心性数据示意

利用 Ucinet 的 Net-Draw 程序生成可视化结构图，绘制出学校的社会网络（见图 3.5），不仅展示出谁向谁寻求建议，而且也体现了最突出的意见提供者。

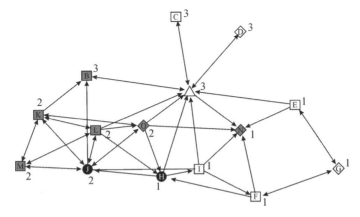

图 3.5　育才中学语文教学咨询网络可视化结构示意

图 3.5 中的每个节点代表学校的一位语文老师，其中菱形代表该教师兼任班主任，圆形代表该教师是年级的语文科备课组长，三角形代表该教师是该校的教研组长，正方形则是未知是否兼任其他职位或角色的语文老师。节点旁的数字代表老师的任教科目。节点之间的箭头指向代表了老师们之间的寻求建议的联系。此外，每个老师都有自己的字母编号。

从老师 E 指向老师 A 的箭头连线代表前者向后者咨询建议的单向关系，而老师 A 和老师 B 之间的带双向箭头的连线代表他们互相咨询建议的双向关系。虽然基本上大多数老师都会至少寻求一位老师提供帮助或者被一位老师寻求帮助，但也存在例外，例如 N 老师声称自己并没有向其他老师寻求建议。不过整体看来并没有一个老师是完全孤立的。

社会网络分析图可以说明在育才中学中谁在语文学科的教学上是具有领导影响力的，因为被更多同事找的老师就意味着他们比不被同事找的老师更有可能发挥影响作用。例如被 4 位以上同事寻找的老师 A、J、N 就比只被一位同事咨询的 E 老师有更多机会影响他人。

可能是由于任教学科差异和教学领导分工，没有老师提及他们会向教研组长以上层级职位的领导（如校长和副校长）在语文教学上求助。而正式的教研组长和备课组长在社会网络中无疑处于中心位置。以老师 A 为例，他既是语文教研组长，同时也是初三的备课组长，并带领其他年级备课组长，在网络中有 8 位老师寻求他的帮助指导。但同时也可以发现存在没有领导职位但又发挥领导影响力的非正式领导者。例如老师 N，虽然不担任职务，但是在语文教学上的丰富经验和过硬的教学能力获得了其他同事的认同和学习。因此，育才中学的教师社会网络数据可以帮助我们看到正式和非正式的组织结构以及教师相应的接受领导的不同来源。

图 3.5 还可以反映不同老师在寻求帮助对象的行为偏好与差异。例如老师 I 会找其他老师、教研组长以及备课组长，但老师 C 和老师 D 只会找到老师 A。有时候老师找另一位老师并不只是为了咨询教学建议，还有可能是因为这位老师在学校社会网络中处于重要地位，充当着连接学校中不同子团体的桥梁的作用。老师 A 在网络中连接了最多的来自 3 个不同年级的老师，如果我们把 A 从网络中去除，那么老师 C 和 D 就会和其他不同老师所分隔。而经验丰富、威望较高的老师 N 则基本不向其他教师寻求咨询，因为他自己已经有自己一套成熟的教学体系了，而新来的年轻教师可能会请教

其他老师多一点。

除了能够找出教师团体中的领导者，我们还可以从学校以及子团体的层面上看到成员与成员之间的互动。年级组之间的互动程度也有一定差异，例如相较于其他两个年级，初二年级的老师与同年级组以及其他年级组的同事有更多的互动联系。

（3）正式领导力与非正式领导力的一致性。在正式组织和非正式组织之间存在一定的重合和联结的情况，被称为正式—非正式的一致性（formal-informal congruence）。① 它可以检验正式指派的领导职位与寻求建议的真实情况，其方式是测量向正式任领导职位的老师寻求建议关系在总体求助关系中所占的百分比。一般来说，重合一致性越高则学校的产出成果就越好，虽然这样的假设关系在实际中并没有这么简单而线性。如果正式和非正式领导和组织近乎完美重合，会有利于减少对立的观点，也有可能减损学校创新想法的融合。而且，当正式的领导和管理统筹功能失灵时，非正式领导可以作为改变和革新的重要来源。在育才中学，38%的语文咨询建议关系是导向正式领导者的，在语文教学上的正式与非正式两个层面的组织的契合度较为适中。原因可能是学校的规模中等，且教师团队的内部凝聚力和互相交流频繁畅通。

总之，从该社会网络数据图可以得出几个方面的发现：

第一，根据被同时寻求建议的程度，识别出发挥影响力的团体成员，并能够将正式领导以及非正式的领导纳入其中。在育才中学，被正式任命的领导与实际发挥影响力的老师较为重合，但也存在着没有正式领导职位却有实际影响力的人，即担任领导职位的骨干教师在教师求教网络中处于网络的核心位置，与学校内部正式组织结构相一致，反映出骨干领导教师具有更好的正式领导影响力。

第二，教导主任、督导、校长等中高层的正式领导并不是语文老师所寻求指教的对象。反映出普通教师在具体教学上更倾向求教于骨干领导老师，而不是直接与中高层领导产生联系，这可能与不同角色分工定位有关。

---

① James P S, Healey K. Conceptualizing school leadership and management from a distributed perspective: an exploration of some study operations and measures [J]. Elementary School Journal, 2010, 111(2):253-281.

第三，骨干领导教师与普通语文老师在教学求教上存在普遍的双向关系，即双方都认为彼此存在值得互相学习借鉴的地方，而不是简单单向的"领导—追随"的关系，但也会体现出求教的偏好倾向。

第四，在语文教学求教网络中有一些高声望的普通教师，虽然他们没有学校的正式领导职位，也没有学校授予的正式权力，但仍然在学校教学网络中占有重要地位，并对教学工作发挥了重要作用。

### (三)课程管理：课程创新与教学督导

拓展期的育才中学将课堂目标由"高效"转变为"创新"。通过举办"好课邀请赛"，进一步提高教学质量，促进师生教学相长。由"好课对抗赛"转变为"好课邀请赛"体现了学校从稳固期到拓展期理念转变、格局打开的趋势，全国名师一起同课异构促进教学质量不断提高。值得注意的是，育才始终强调明确提升教学质量的"抓手"，但这个"抓手"不是一成不变，从自编课程到高效课堂再到好课邀请赛体现了这个"抓手"在继承的基础上创新。

"同课异构"指的是同一节课的教学内容由不同教师根据自己的教学实际(教学经验、知识背景、情感体验、学情特点等)，采取不同的教学方法、手段和策略，呈现出不同的教学风格，让教师实现思维碰撞，从而提升教研水平，加速专业成长。"同课异构"活动有利于教师的扬长避短，形成自己的教学风格，是教师们求同存异、共同提高课堂教学能力的平台。①

#### 1.课程创新："好课邀请赛"与"育才天天练"

"好课邀请赛"是育才中学在拓展期课程创新的一项重要举措。育才中学邀请北京、上海、南京、沈阳、重庆五地的名校派出自己学校最优秀的教师与本校教师同台竞技，使得整个赛课水平得到了很大的提高，通过确保每一位学科教师都有机会全天听课，并且提醒大家要及时换位思考，如果同一个课题让自己来执教，该如何做好这节课的教学组织，如何设计课堂结构，如何开展学生活动，通过听课如何改善自己今后的教学行为，如何寻找学生的闪光点并及时表扬，等等。随着"好课邀请赛"落下帷幕，每一位教师对听课后的思考进行提炼，并且及时形成听后感，其中不乏一些新颖、个性的见解，

---

① 王敏勤."同课异构"教学反思例谈[J].中国教育学刊,2008(6):62-65.

值得大家去学习与共勉。

"育才天天练"是育才中学在拓展期课程创新的另一项重要举措。校长提出的"私人定制"真正让学校师生体会到"只要敢想，一切皆有可能"，"凡事都要做到我们能力范围内的极致"，在"寒假天天练"的编制工作中，教导处充分总结经验、汲取教训，召开了两次筹备会议，通报了之前工作中的失误、需要改进的地方，并对此项工作明确了提升点与创新点；会议强调，决议一旦形成，就必须严格遵照执行。寒假作业在题型的选择、难度的设置以及题量的确定上都充分考虑到以生为本，既能在封面上体现"个性化"，又要在内容上展现"育才化"，更在使用时做到"实效化"。

2. 教学督导：全面评估与"画圆分析"

教学督导处是育才教学管理的主要部门。在集团督导组的带领下，各校区抽调专业素质高、责任心强的各科教师组成各校区的督导小组。他们以教学六步法为常规内容，对教师教育教学活动进行全方位的评估指导。每天，督导老师们通过听课全面了解教师分层授课情况，全面评估教师的教和学生的学习情况，全面评估学校目前的课堂教学方式和效率，并通过各种方式给予指导，帮助老师尽快融入育才，实现超常规成长。每月，督导处对老师们的教案进行检查，公正评分，及时反馈，强化指导。集团各校还不定期地进行校际的交叉督导，横向比较，促进各校区共同进步。对于作业的布置、批改和个别辅导情况的检查，督导处会通过调取学生作业本、召开教师和学生代表座谈会等方式，进行评估检查。除了常规教学管理，督导教师也定期对备课组活动、教研组活动进行听评指导，在各类考试的命卷、组织、阅卷、质量分析等环节介入指导。

在育才的文化中，"圆"是极具代表性的。我们常常挂在嘴边，记在心里的就是"时时画圆，事事画圆"。有布置就有检查，有检查就有评价，有评价就有反馈，有反馈就有调整，这是画日常教学的圆。日习、周测、月考、期结，这是画阶段检测的圆。个人反思、组内分析、集团交流，这是画考后分析的圆。通过召开小型分批家长会，学校、学生、家长又共同画圆，调整提高。育才的"画圆体系"将教育教学的每个环节无缝衔接，相辅相成。以月考反思调整周为例，周一，个人层面分析反思。每位老师结合学科教学和班主任工作，进行深入透彻的个人分析，并形成文字稿，然后将学科分析汇总至备课组长处,班主任工作分析汇总至年级组长处。周二,备课组层面进行分析和反思,通过总结计划目标实现情况,确立下阶段工作起点;通过问题汇总,找到学科的突破口和增长点;通过方法措施的讨论,优化教学流程。周三、周四,借调研东风,深入分析。周三杭州市数学、科学教研员,周四语文、英语教研员来学校调研,考试学科教师全员参与。教师从学科教育的高度,重新审视自己的教学工作。周五中午,年级组层面的反思总结,各学科代表和班主任代表都相互交流了问题和经验。周五下午,期中质量奖的颁奖。周六下午,集团教研组层面分析反思。探究阶段教学效果、产生的问题、方法和经验的交流;各校区负责人又反馈了阶段工作得失。一周时间的全方位、多维度的充分反思,让我们从单一的学科中抽离出来,从孤立的任教班级中抽离出来,使我们的反思调整更科学,更有实效。

### (四)学生管理:促进全人发展

　　拓展期育才的学生管理以全人教育理念为指引,在保证优异成绩的基础上,加强价值观与爱国主义教育,培养学生兴趣爱好,重视审美教育。"全人教育对传统教育只重视知识传授和技能习得的培养目标提出批评,倡导教育培养完整的人,使人在身体、知识、技能、道德、智力、精神、创造性等方面都得到发展,成为一个真正的人、一个具有尊严和价值的人、一个作为人的人,而不仅仅是一个雇员、一个国家的人力资源、一个政治或经济的工具。"[①]首先,卓越的成绩仍旧是育才学生鲜明的识别码;其次,加强价值观与爱国主义教育,培养孩子形成高尚的人格、荣誉感和使命感;第三,培养兴趣爱好,以"男篮女舞"为典型代表;第四,重视审美教育,促进核心素养的提升。

　　1.加强价值观与爱国主义教育

　　育才注重将爱国主义教育融入每一个校园生活的细节,党知识课程的学习与学校的党建工作一脉相承。校园的党建文化墙,一系列的历史画面让经过的孩子、家长甚至路人全面地了解到中国沉重的近代史,深刻地体会到中华民族自强不息的精神,十一国庆节飘扬的育才红。"你好,祖国!""每

---

　　① 刘宝存.全人教育思潮的兴起与教育目标的转变[J].比较教育研究,2004(9):17-22

个老师要做学生的贵人""舍得在孩子身上花时间"等"热句"使爱国主义教育和谐地融入校园环境,这些融入生活的爱国教育对学生有着潜移默化的积极影响。

2.培养兴趣爱好

拓展期的育才中学将课程目标拓宽为"促进学生的全面发展"。而承载课程目标的载体除了课堂还有课内外的各项活动囊,活动是校园生活中最受学生期盼和喜爱的环节,育才的经典活动"男篮女舞"是其中的典型代表。"男篮":育才中学通过组织班级篮球对抗赛,凝聚班级向心力,团结同学友谊,有利于培养学生的身体协调能力和团队协作能力,促进身心和谐发展。"女舞":育才规定每个女生在初中阶段要学会三支江南舞,这项举措有利于提升学生的整体气质,传承中国文化中古典的气韵美、内在美、含蓄美、气质美。郜晏中校长说:

> "初中三年的学习生活因为有中考而有压力、有紧张,绕不过去。但在育才,成绩不是我们唯一的追求,我们也努力地在课堂之外寻找辅助的力量,让学生学业有提高、特长有发展、身心有呵护。希望孩子离开育才后,对育才的记忆是丰满的,有学习、作业和考试,但更多的是成长,让孩子们因为育才而幸福。"①

3.重视审美教育

审美能力的提高对于学生知识的学习、德育的培养有良好的促进作用,为了将审美教育融入校园生活,学校会开展一系列精心设计的美育活动。为了增强师生的传统文化仪式感,学校举办"菊馨桂郁·师表仲秋"教师节盛装晚宴,在晚会中举行"师徒结对""六不承诺签署""校务委员聘任"等重要议程;为了打造师生喜爱的校园生活,校园广播"午间音乐"进行升级优化,让音符荡漾每一个校园的角落,提升育才校园文化的品质,同时鼓励热爱播音的同学在自己感兴趣的领域得到锻炼和提升;为了丰富师生的课余生活,学校组织师生完成趣味运动会、美食节、秋游等大型学生活动;为了培

---

① 姜晓蓉.校长郜晏中与家长交流"育才六步学习法"[EB/OL]. http://hznews. hangzhou. com. cn/kejiao/content/2015-04-01/content_5712847. htm,2015-04-01.

养学生各类兴趣爱好,学校举办英语节、科技节、艺术节、诗歌节等,开展丰富多元的社团活动,如素描社、动漫社、吉他社、尤克里里弹唱社等,充分激发学生的才艺潜能。这些活动逐步引导学生成长为具有广博学识、出众能力、强健体魄、端正人品、顽强意志、崇高信念的育才毕业生。

### (五)教师眼中的育才管理

#### 1.对管理模式的评价

教师对育才中学的校本特色、扁平管理、校领导和中层领导都给予了很高的评价。如表3.6所示。

**表 3.6 教师对育才管理模式的评价($N=78$)**

| 选题 | 占比(%) | | | | | 均值 | 标准差 |
|---|---|---|---|---|---|---|---|
| | 非常同意 | 同意 | 一般 | 不同意 | 非常不同意 | | |
| 1.育才中学的管理模式校本特色明显 | 72.2 | 5.1 | 2.5 | 5.1 | 15.1 | 1.86 | 1.525 |
| 2.育才中学的管理模式是扁平式 | 55.7 | 8.9 | 16.5 | 5.1 | 13.9 | 2.13 | 1.479 |
| 3.育才中学的精细化管理运行良好 | 64.6 | 7.6 | 7.6 | 6.3 | 13.9 | 1.97 | 1.502 |
| 4.育才中学的管理制度改革与时俱进 | 70.9 | 2.5 | 5.1 | 6.3 | 15.2 | 1.92 | 1.551 |
| 5.育才中学的校领导具有战略思想和管理才能 | 69.7 | 3.8 | 6.4 | 2.5 | 17.7 | 1.95 | 1.576 |
| 6.育才中学的中层管理人才胜任度高 | 64.6 | 5.1 | 12.7 | 6.2 | 11.4 | 1.95 | 1.440 |

关于"育才中学的管理模式校本特色明显",有 72.2% 的教师认为"非常同意",5.1% 的教师认为"同意";64.6% 非常同意或同意"育才中学采用扁平式的管理模式";72.2% 的教师认为"育才中学的精细化管理运行良好";

73.4％的教师认为"育才中学的管理制度改革是与时俱进的",能够根据时代与师生的需求不断做出调整,从而更好地保障有效教学的进行;73.4％的教师认为"育才中学的校领导具有战略思想和管理才能";69.7％的教师认为"学校的中层管理人才胜任度高"。调查也发现,还有一部分教师认为育才中学的管理模式有进一步提升的空间。例如,有20.2％的教师不同意或非常不同意"育才中学精细化管理运行良好";有21.5％的教师不同意或非常不同意"育才中学的管理制度改革与时俱进";20.2％的教师不同意或非常不同意"校领导具有战略思想和管理才能";12.7％的教师认为学校中层管理人才胜任度一般,17.7％不同意或非常不同意"学校中层管理人才胜任度高"。从表3.6也可以看出,教师对育才管理模式的认同表现出明显的两极分化,"非常同意"的比例最高,其次是"非常不同意"。

2. 对教师管理的评价

有效的教师管理对于激励教师开展课程改革、践行以学生中心的教学理念以及形成具有归属感和荣誉感的教师群体具有重要的意义。调查显示(见表3.7),关于"育才中学在管理过程中善于听取一线教师的建议",60.8％的教师表示"非常同意",8.9％的教师表示"同意";70.9％的教师同意或非常同意"育才中学的教师管理制度有利于调动老教师积极性";73.4％的教师同意或非常同意"育才中学的教师管理制度有利于调动新教师积极性";76.0％的教师同意或非常同意"育才中学为新教师成长提供良好的机会和平台";73.5％的教师认为"育才中学的教师合作机制运行良好";还有72.2％的教师认为"育才中学赋予教师较大的自由度和成长空间"。

表3.7还显示,育才的教师管理有进一步改善的空间。例如,还有21.5％的教师不同意或非常不同意"育才中学在管理过程中善于听取一线教师的建议";21.5％的教师不同意或非常不同意"育才中学的教师管理制度有利于调动老教师积极性";19.0％的教师不同意或非常不同意"育才中学的教师管理制度有利于调动新教师积极性";21.6％的教师不同意或非常不同意"育才中学为新教师成长提供良好的机会和平台";20.3％的教师不同意或非常不同意"育才中学赋予教师较大的自由度和成长空间"。教师对学校教师管理现状的认同也表现出较为明显的两极分化,比例最高的是"非常同意",其次是"非常不同意"。

表3.7　教师对育才教师管理现状的评价（N＝78）

| 选项 | 占比（%） | | | | | 均值 | 标准差 |
|---|---|---|---|---|---|---|---|
| | 非常同意 | 同意 | 一般 | 不同意 | 非常不同意 | | |
| 1.育才中学在管理过程中善于听取一线教师的建议 | 60.8 | 8.9 | 8.9 | 10.1 | 11.4 | 2.03 | 1.467 |
| 2.育才中学的教师管理制度有利于调动老教师积极性 | 60.8 | 10.1 | 7.6 | 10.1 | 11.4 | 2.01 | 1.463 |
| 3.育才中学的教师管理制度有利于调动新教师积极性 | 63.3 | 10.1 | 7.5 | 3.8 | 15.2 | 1.97 | 1.502 |
| 4.育才中学为新教师成长提供良好的机会和平台 | 67.1 | 8.9 | 2.5 | 5.0 | 16.5 | 1.95 | 1.552 |
| 5.育才中学的教师合作机制运行良好 | 64.6 | 8.9 | 6.3 | 5.0 | 15.2 | 1.97 | 1.519 |
| 6.育才中学赋予教师较大的自由度和成长空间 | 60.8 | 11.4 | 11.3 | 3.8 | 12.7 | 1.96 | 1.427 |

3.对课堂管理的评价

课堂管理是学校最小的管理单元，却发挥着举足轻重的作用，直接影响着师生关系的建构与学习的有效性。从总体上看，教师对学校课堂管理有着较高的评价。调查显示（见表3.8）68.3％的教师认为"育才中学的自编课程效果良好"；76.0％的教师同意或非常同意"育才中学的课堂管理效果良好"；76.0％的教师同意或非常同意"育才中学通过各种途径推动课堂创新"；72.2％的教师同意或非常同意"育才中学教学督导作用显著"。但是，课堂管理中存在的问题也不容小觑。例如，仍有13.9％的教师非常质疑自编课程的效果以及课堂管理的效果；仍有15.2％的教师非常不同意"育才中学通过各种途径推动课堂创新"。这些方面都应该引起足够的重视。

表 3.8 教师对课堂管理现状的评价(N=78)

| 选题 | 占比(%) | | | | | 均值 | 标准差 |
|---|---|---|---|---|---|---|---|
| | 非常同意 | 同意 | 一般 | 不同意 | 非常不同意 | | |
| 1.育才中学的自编课程效果良好。 | 54.4 | 13.9 | 15.3 | 2.5 | 13.9 | 2.08 | 1.439 |
| 2.育才中学的课堂管理效果良好。 | 64.6 | 11.4 | 5.0 | 5.1 | 13.9 | 1.92 | 1.474 |
| 3.育才中学通过各种途径推动课堂创新。 | 68.4 | 7.6 | 6.3 | 2.5 | 15.2 | 1.89 | 1.493 |
| 4.育才中学教学督导作用显著。 | 64.6 | 7.6 | 12.7 | 3.7 | 11.4 | 1.90 | 1.401 |

**4.对管理的总体评价**

从总体上看,育才教师对学校管理充满了信心,在育才工作有较强的归属感和满意度;但仍有 20%左右的教师对育才管理理念和实践缺乏认同。调查显示(见表 3.9),73.4%的教师同意或非常同意"'朴素的德育、扎实的智育'在育才深入人心",21.5%的教师表示不同意或非常不同意;72.2%的教师同意或非常同意"育才中学办学资源充足",22.8%的教师表示不同意或非常不同意;77.2%人才"在育才中学有很强的归属感",并且"对育才中学的管理感到满意",19.0%的教师表示不同意或非常不同意。

表 3.9 教师对育才管理的总体评价(N=78)

| 选题 | 占比(%) | | | | | 均值 | 标准差 |
|---|---|---|---|---|---|---|---|
| | 非常同意 | 同意 | 一般 | 不同意 | 非常不同意 | | |
| 1."朴素的德育、扎实的智育"在育才深入人心 | 69.6 | 3.8 | 5.0 | 3.8 | 17.7 | 1.96 | 1.589 |

**续表**

| 选题 | 占比（%） | | | | | 均值 | 标准差 |
|---|---|---|---|---|---|---|---|
| | 非常同意 | 同意 | 一般 | 不同意 | 非常不同意 | | |
| 2.育才中学办学资源充足 | 70.9 | 1.3 | 5.0 | 7.6 | 15.2 | 1.95 | 1.568 |
| 3.我在育才中学有很强的归属感 | 65.8 | 11.4 | 3.8 | 5.1 | 13.9 | 1.90 | 1.473 |
| 4.我对育才中学的管理感到满意 | 64.6 | 7.6 | 8.8 | 5.1 | 13.9 | 1.96 | 1.489 |

自 2000 年创校至今,育才中学在校长郜晏中的带领下走过 19 载,历经初创期的风雨洗礼、稳固期的茁壮成长,如今处于拓展期育才正在寻求突破与革新。回首创校以来育才中学校本管理之路,校长郜晏中在守护传统价值的基础上不断推陈出新,逐渐凝练出育才中学独特的校本管理模式与办学育人精神。

在初创期,育才中学以"扁平管理"模式统筹全校管理与教学工作,这种模式在一定程度上确保学校的运作效率和教学质量,在特殊的历史时期为育才中学在杭州民办教育市场稳固根基提供有力保障。这一时期有许多闪光点作为育才优秀的办学传统被保留下来。例如"自编教材""敬业"的教风、朴素的智育与扎实的德育等。在稳固期,育才中学为适应集团的拓张态势开始设立分校,形成中间领导层级,分校校长的设立使得初创期形成的集中领导权和管理权开始分散,为保证在权责分散的同时提高学校管理的有效性、保持优秀的育人质量,校长将企业"精细化管理"这一模式引入校本管理系统。这一时期学校强调教师的"务实"精神、致力于打造高效课堂、促进学校整体、教师队伍以及学生群体"识别码"的形成。在拓展期,育才中学开启迈向国际化的进程。这一时期优化领导与管理团队是必由之路,高学历人才的引入提升育才师资队伍的整体水平;这一时期通过课程创新提高教学质量,并且在保障教学质量的前提下开展各项形式多样的课内外活动提升学生的综合素质;这一时期致力于培养全面发展的高质量毕业生。

育才中学在办学实践中概括提出了一套管理模式,学校将其称为"文化、模式、执行、方法、艺术、权变"六维管理模式,"优异稳定的质量,朴素实效的德育,独树一帜的教学"三大学校品牌使得育才中学不断在办学思路和办学标准上推陈出新,成为杭州市最具影响力和吸引力的学校之一。

## 第四章

# 学高身正：育才的教师团队

育才坚信教师对于教育的力量，十分关注教师发展，以培育学高身正的育才教师团队为己任。正是一批又一批有师德、有教育理想、有扎实学识、有积极态度的育才教师取得了良好的教学成绩，创造了育才的教育佳话。

## 一、育才教师的师德师风建设机制

### （一）教师的教育理想与信仰

理想是在实践中产生的对未来的一种追求，并能对人的实践产生影响的理性、意志和情感的有机统一。[①] 信仰是对某种主张或主义的极度相信和尊崇，是人具体行为的指南。[②] 信仰在精神上使人向往、仰慕与追求某一目标或事物，同时在精神的指导下解释、改造自然与人类社会。[③] 匈牙利革命诗人裴多菲出于对自由的追求，咏出了"生命诚可贵，爱情价更高，若为自由故，两者皆可抛"的永恒诗句。陶行知为了追求"用教育创造民主国家"的教育理想，拒绝各种诱惑。理想与信仰对人类实践的影响可见一斑。

人类的教育实践是对当下生存环境及生活现状等不满展开的改造尝试，是对教育理想与信仰的追求。有学者认为，教育理想包含两个方面：一

---

[①] 朱丽霞,喻学林.论思想政治理论课对培育大学生理想信念的作用[J].湖北社会科学,2012(6):177-179.

[②] 现代汉语词典[Z].北京:商务印书馆,2002.

[③] 李晓荣,邢千里.信仰教育对学生成长的重要性[J].教学与管理,2008(1):23-25.

个是对完善人的追求，即教育的理想；一个是对教育的完善的追求，也就是理想的教育。作为规范确立的伦理实践场所，教育必须有理想。[①] 教育是需要奉献与信仰的事业。教育信仰表现为在教育过程中对教育活动本身价值的认同，是对教育事业的高度尊重与热爱，是职业道德的情感表现。教育信仰既是教师职业的客观要求，是教师追求人生幸福的内在需要，也是时代发展的迫切需要。[②] 但是，当下经济的迅速发展对教育理想与教育信仰产生了重大的冲击。

资本与技术构建的当代社会普遍追求物质文明，而忽略精神文明的重要性，功利主义盛行。而经济全球化及网络技术的推广，各类文化思潮对教师的教育理想与信仰产生了巨大冲击，引发了教育实践中的诸多问题。如教育理想的缺失、教育信仰的偏离、教育信仰与实践的言行不一，造成教师在实际教学工作中出现德行缺失、缺乏创造性等问题。[③]

育才从教育实践问题出发，确立了"坚信教育能让人、国家、民族变得更好"的教育信仰，坚定了教师对基础教育作用的信仰，并将教育信仰落实到教育的每一个细节，样样落实、天天坚持。

### 1. 坚信教育能让人变得更好

育才中学从 2000 年艰难起步，到 2003 年第一次开花结果，到当今的教育航母初具规模，是对基础教育坚定信仰的"样样落实、天天坚持"。《中国教师报》对育才中学的一篇报道形象地展示了育才中学是如何在基础教育过程中，从细微处着手将学生培养成更好的人。

> 过去，杭州其他学校的学生甚至家长一度认为育才中学是一所"魔鬼学校"，缘于该校对学生行为习惯的高标准，严要求：男生个个理小平头，女生不披发，不编发，不戴饰物；保持校内、校外绝对的语言文明；课间文明游戏，禁止追逐喧哗；校外双肩背书包，杜绝三五成群、勾肩搭背、你推我搡；不边走路边吃东西；进教室不带跟学习无关的东西，少谈和学习无关的内容。

① 周兴国.多元冲突中的教育理想：整合与追寻[J].华东师范大学学报（教育科学版），2011，29(2)：19-25.
② 叶文梓.论教师的教育信仰[J].浙江社会科学，2004(2)：110-114.
③ 王红霞.教师生命理想的缺失与重建[J].教师教育研究，2017，29(6)：16-22.

在郜晏中的心里，他为每一位在育才学习的学生定下了一套成长的标准：要有广博的知识，顽强的意志，强健的体魄，出众的能力，端正的人品，崇高的信念。"我们不奢望每一个孩子都能成长为行业精英，但是希望在他们成长的最关键阶段，因为我们，而在他们的心里种下成才的因子。"

"这些'因子'就是行为习惯和学习习惯，在育才中学，所有的学生都会说这么一句话：行为养成习惯，习惯形成品质，品质决定命运。"郜晏中认为，风气是立校之本，育才中学就是要建设一所一身正气的学校，所以他们不谈大道理，主要先从有关学生行为习惯的四个小地方入手，要让学生有学生的样子……

……随着学生把学校有关行为习惯和学习习惯的要求不断落实和提高，育才中学逐渐形成了认真、勤奋、好学的学风……

育才中学在坚持教育能让人变得更好的信仰中，让教师成长为教育从业者中的佼佼者：坚定地相信教育的功能和价值，无时无刻坚守自己的教师身份，以身作则。从"六不"承诺出发，坚持幼吾幼以及人之幼，关注学生的学习，也在生活上关爱孩子，让孩子因为成长在育才而幸福。学校基本规范的引导与教师的关怀，让育才的学生褪下育才的校服，还穿着一身隐形的育才"校服"：不仅仅是男孩子统一的小平头、女孩子的江南舞身姿，还有孩子们在老师的影响下，一日日地坚持那些"小习惯"使得他们显得与众不同。

2. 坚信教育能让国家变得更好

陶行知深感于中国社会的种种问题，立下了经由教育创造民主国家的教育理想。在南京高等师范学院执教时，与胡适等友人闲谈也提及要"用四通八达的教育来创造一个四通八达的社会"①。基于利用教育改造国家的信仰与理想，陶行知辞去了每月500大洋的大学教授工作，脱下西装换上长衫，投身平民教育运动②，以期让国家变得更好。

随着历史变迁，教育的主题也随之改变。21世纪的中国科学技术迅猛

---

① 周洪宇.陶行知生活教育学说[M].湖北教育出版社，2011：343.
② 刘大伟，杜京容.论教育家的核心素养——以陶行知为个案的考察[J].南京晓庄学院学报，2018，34（1）：17-20.

发展,网络社会与知识经济呈现井喷式增长。在人类发展历史上,国家的经济发展从未如此依赖于教育的发展。新的经济与科技发展形势下,当代教育怎样才能助力国家经济发展呢?有学者通过实证研究,提出了通过教育提高人力资本质量与知识技能等方式,促进经济增长。①

少年强,则国强。育才中学的教师效仿陶行知以教育为利器,立足基础教育为国家发展添砖加瓦。在国家新课程标准的基础上,他们积极把握时代发展潮流、扣紧教育发展潮流,开创了 STEAM 等特色课程。

### 3.坚信教育能让民族变得更好

改革开放为中国带来了经济上的腾飞,科技发展提高了人民的生活水平。但与经济与科技飞速增长形成鲜明对比的是各类"现象级"事件的出现:全民"扶不扶"争议、毒奶粉事件、假疫苗事件……当"文明""法制""道德"在经济利益的面前成为空谈,当社会整体呈现出规则意识淡漠的问题时,育才中学开始反思:基础教育如何才能更好地育人育才,从基础上提升人文素养?

中小学教师在培养青少年成长、促进中华民族的崛起、实现中国梦具有重要的基石作用。基础教育对青少年的影响深远而有力:中小学老师向孩子们强调什么,孩子们就会重视什么;中小学老师向孩子们传递了什么样的价值观,孩子就会成为什么样的人;教师的信仰与理念深深地影响着孩子们的信仰与理念。而中国少年的成长方向会决定中华民族的未来。

育才中学将民族命运深刻地融入学校日常教学中,将立德树人作为根本教育任务。为了提高学生的国家认同、国际理解等核心素养,培养具有爱国主义情怀的下一代,从中华传统文化出发,开创了《党的知识》课程,为实现中国梦夯实基础。

育才中学高度统一的教育信仰决定了学校的氛围,从而影响教师"样样落实、天天坚持"的教风:早晨 7 点之前到校,傍晚 7 点离校是常事;备课、辅导、补缺,个个落实,人人抢先;三伏酷暑家访,从无怨言;要求学生理平头,育才男老师也个个带头"从头做起"。曾有不少家长感言:校长、干部这样

---

① 闵维方.教育促进经济增长的作用机制研究[J].北京大学教育评论,2017,15(3):123-136,190-191.

干,我们还可以理解,但是这么多普通的老师自觉自愿这么苦干,育才的感召力实在是让人佩服。而育才对学生学习和生活的要求,没有突击,没有临阵磨枪,三年如一日,天天坚持一个标准。"样样落实、天天坚持"作为校训,不仅挂在每个教室的墙上,更是铭刻在每位师生的心头,他们把它作为指导工作、学习、生活的育才精神来信奉和遵守。他们坚持的是别人不在乎的小事情,做的是别人做不到的小事情,所以赢得了家长的口碑与社会的认同,成就了育才中学今天的教育航母地位。

育才坚信教育能让人、国家和民族变得更好,从细微处着手,让学生形成良好行为习惯、树立积极的人生观:传扬"尊师重道"传统,培养进校向老师问好的习惯;作业独立完成,养成诚信美德;给薄弱学生"放低成就坡度",树立学生自信与阳光的人生态度。育才中学的课堂不仅仅是前沿科学知识的传授,同时也将中华民族优秀传统文化传承给学生。塑造民族文化自豪感和认同感的同时,让新一代的青少年成长为懂得"文明""法制""道德"的重量的人。育才中学从唤醒孩子开始,进而唤醒这个沉睡的社会! 最终实现中华民族的崛起。

### (二)教师的职业道德

教师道德是教师在个体道德的基础上对教师职业的认同感,是教师的职业道德认识及情感,及表现出来的职业行为。具体表现为对教师职业伦理规范的自觉遵守及品德面貌。由此可见,教师道德不仅仅是教师职业道德,而是个体道德与职业道德的综合一体。[1] 师德具有继承性、方向性、榜样性与时代性,因此教师的言行示范对中学生的世界观、人生观形成有举足轻重的作用,加强师德修养是教师的时代使命。[2] 随着市场经济的进一步发展,我国原有教师道德价值观受到多方面的思想冲击。在教育实践中,教师价值观取向偏差、违背职业道德现象、师德下滑现象不断涌现。教师师德建设的重要性及紧迫性不言自明。

有学者从师德建设角度出发,提出了师德建设的内外机制:师德教化能丰富师德,师德建设的坚实基础;师德内化有助于激励教师生成良好道德品

---

[1]  李清雁.教师道德释义对师德建设的启示[J].教育学术月刊,2009(7):74-76.

[2]  李文利,刘洪伟.论中学教师的师表育人[J].学术交流,2003(5):171-173.

质,将公共师德内化为教师私德,是师德建设的关键;通过教化与内化,再针对师德失范等现象,进行师德制度化建设;师德教化与师德制度化互为补充,形成师德建设外在保障机制;师德内化弥补外在机制的不足,形成师德建设的内在机制。①

育才中学职业道德建设工作颇具特色:签署"六不"承诺,培养"一身正气"的教师品格,争当"做到自身能力极致"的教师。

1."一身正气"的教师品格

韩愈在《师说》中提到:"师者,所以传道授业解惑也。"明晰了教师的本职工作:老师不只是简单地授课,还要告知学生为人处事的道理与主动学习的可贵品质。教师作为社会的一员,除传授知识外,其角色最大价值在于"示范性"。② 因此,当教师被儒家文化推上"天地君亲师"的崇高地位时,教师也担当起引领社会风气的责任。

育才中学在遴选新教师时,会提 3 个常规性的问题:

是否真的喜欢做老师?

能否承受民办学校老师的压力与风险?

是否认同育才不做家教的价值观?

这 3 个问题体现了育才中学对"一身正气"这一教师品格的坚守。"一身正气"是育才教师的师德公约。郗宴中校长在《中国教师报》的一篇采访中道出了"六不"承诺的初心:

……教师不做有偿家教,这是一条"红线"。对于教师有偿家教,我主张"杀无赦,斩立决"。其实教师有没有做家教,很容易判断,因为一个人的时间和精力是有限的,按照教师的工作流程,从备课、上课、辅导、批改作业、纠错、考试分析开始,任何一个环节,只要做到底线的要求,一个教师就要超负荷了,他是根本没有时间和精力去兼顾另外的工作的,所以如果他在做家教,直接显性的后果就是工作态度的懈怠和他所任教的班级质量的直线下降……

---

① 张家军.论师德建设的教化、内化和制度化[J].课程.教材.教法,2015,35(7):108-114.

② 王红霞.教师生命理想的缺失与重建[J].教师教育研究,2017,29(6):16-22.

......教师是给孩子心灵播种的人,是传递和坚守理想的人,所以教育工作本身一定要带有理想的色彩。教育不仅是一个职业,更是一个事业、一种信仰。教育人是一个特殊的群体,我们要比普通的知识分子,具备更坚定的原则和信念,教师更应是个理想主义者。我想对全国的中小学老师说,二三十年以后,我们国家各个行业的精英,包括国家的领导人,正坐在我们的课堂里。我们的言行举止,学识修养,为人处世,将影响和塑造他的一生。孩子会长大,我们的很多做法能不能经得起学生长大以后的检视,要多问问自己。学校教的和社会上的有些不一样,这是对的。学校是干什么的,学校是社会生活的净化剂,这就是学校存在的价值。学校教育不是教一点语文数学,学校教育要源于生活,高于生活......①

制度刚性制约下,校长带头做榜样遵守"六不"承诺,不收取一分额外的赞助费;育才教师将回答学生提问、辅导学生课程、不接受馈赠减少家长不必要的开支作为教师分内之事;教师触碰"六不"承诺红线,违规进行有偿补课时,果断予以辞退......规章制度的确立使得每位老师都能挺直脊背教书育人,将敬业当成生活中最普通的习惯。"六不"承诺树立起育才中学"一身正气"的教师和良好的学校形象,也为教师职业道德树立了标杆。

2. 做到自身能力的极致

在普遍的认知中,中小学教师是一份稳定但收入偏低的职业。因此,育才中学部晏中校长认为,天赋特别高的人不会选择做中小学教师。但是,在有限的条件下,他倡导老师们做到自身能力的极致。用部校长的话说,就是育才的教师们聚到一起时是一整块坚定稳重的磐石,散到各处就是一把把利刃,培养出自己和育才的精神气。

在育才的校园文化里,有一项关于努力与成就的公式:

天赋×努力＝技能

技能×努力＝成就

在这项公式中,"努力"被计算了两次,体现了育才中学对取得成就过程中"努力"的重要性认可。育才教师以言传身教的方式告诉学生,即使无法

---

① 褚清源.部晏中的民办教育发展观[N].中国教师报,2011-11-09(12).

取得和有天赋的人一样的成就，但至少可以比现在做得更好，做到自身能力的极致；辛勤的汗水未必能让人达成卓越，但勤能补拙，能使人达到提升自我的目标。

育才中学的具体工作都要求年年做总结，年年有提高，年年有创新，不断挑战工作的极致。这种提高与创新的追求极致的习惯呈现出了更好的课堂、更有朝气的运动会入场式、更激励人心的录取仪式、更温情的毕业典礼、更丰富多彩的社团活动。教师们的综合素养也不断得到提高：镇得住学生的基本功、扎实过硬的专业知识、上得了台面的特长、力挽狂澜的应变能力、处理复杂事务的组织能力、耐得住琐事磨砺的工作激情、担得了重任的抗压能力以及能独当一面的霸气与自信。

但是这种追求自身能力的极致不是要求每一个老师或者孩子成为全能型选手。部晏中校长用了一个形象的比喻：要避免把动物园里所有可爱的小动物统统赶去爬树、用同一把尺子衡量班上几十个性格迥异的孩子。教师应在教学和管理中懂得"因材施教"，能在生活中思考教育问题，让关爱孩子、思考教育教学问题成为教师的本能。例如，看到篮球场上的孩子始终无法投篮成功，开始思考投篮的意义；看到在运送乒乓球游戏中欢呼雀跃的孩子，开始思考是否能开展具有更高教育意义的课外活动；看到个别优秀学生频繁出现走神状况，开始思考开设"特别教室"的可行性。从学校微小的一角引出的各种教育问题与思考，这是育才的教育者思维。这种教育者思维不需要多高的教师天赋，但是需要全身心融入教师角色，将教师自身的能力发挥到极致。

从创业初始到逆势而上拥有十多所分校，部晏中校长仍旧保持危机感、保持一贯的追求极致的工作状态。他相信，一个人越坚毅，就越容易感受到积极情绪，一个人越努力也会越幸运。也因此，他要求自己做到自身能力的极致：教学上，他要求自己是学术专家，是所教学科里育才最好的老师；而在育才的发展上，他不满足于目前已有的成绩，而要把育才发展为中国民办教育的标杆，国际民办教育的样板。同样，他也要求育才教师队伍做学科教学里最好的队伍，保持积极向上、进取阳光的形象，言传身教地为孩子们树立榜样。最终，孩子们也会效仿老师们做到自身能力的极致。

### (三)教师的工作态度

社会心理学认为态度由认知、情感与意向 3 个因素共同构成,是对特定对象相对稳定的反应倾向。教师的工作态度在日常教学当中表现为工作的内在能动性。[①] 有研究发现,工作愉悦感及较高的工作价值认可度对教师的工作满意度、心理健康等有积极的影响,且能降低教师工作倦怠感及教师离职率。[②] 教师工作态度不仅制约着教师个人的专业发展,还能潜移默化地影响学生个性的形成。教师积极热情的生活态度与教学状态有利于学生形成积极的心理品质。[③]

育才中学从培养"激情快乐"的教师心态、树立"体面优雅"的教师形象两个维度培养教师积极的工作态度,降低职业倦怠等风险。

#### 1."激情快乐"的教师心态

育才在对新进教师进行培训时,鄙晏中校长会告诉这些跃跃欲试的年轻人一句话:"教育教学的板凳要坐得十年冷。"他经常向年轻教师描述自己曾经的教师经历,生动地讲述自己是如何从"不会教"的冷板凳上悟出"做教师的乐趣"的。在育才中学以爱学生、受学生拥戴为名的鄙校长曾经也体罚过学生、彷徨过,再到后来决心改变,他开始挑灯夜战研究教学、运用情境教学和小组学习方法,取得了良好的教学效果,同时改变了自己的人生轨迹。

育才教师在走上讲台前,每一堂课都花 5 个小时进行 3 次多方位的备课,不断更新教学手段和方法,保证课堂教学质量,并在课后进行全批全改和个别辅导,了解学生对课堂的掌握程度,有针对性地帮助学生查漏补缺;在课堂和学校外,育才的老师还顶着暑假烈日进行班级全员家访,对学生进行更全面的了解,并与家长进行家校合作沟通,为学生创造更好的学习环境和氛围。对教育工作没有足够的热情、不能体会教育工作中的快乐,就无法天天坚

---

① 张林英.基于态度理论的高校教师工作倦怠探因与激励研究[J].科技管理研究,2011,31(8):115-117.

② 王彦峰,秦金亮.工作投入对幼儿园教师工作态度和心理健康的影响[J].学前教育研究,2015(2):56—63.

③ 张林英.基于态度理论的高校教师工作倦怠探因与激励研究[J].科技管理研究,2011,31(8):115-117.

持"勿以事小而不为",认真完成这些琐碎的教学工作。育才中学一名科学教师的演讲生动展示了他们是如何将"激情快乐"融入教学工作中的:

> ……做一名好教师,要教书育人,"上好课"是你的职责,"育好人"则更彰显你的能力。学校推出的"见习班主任"制度就给了我这样一个机会。我跟在班主任老师后面,学习他们的管理办法、借鉴他们的成功经验。我在学习的过程中一直角色替代,每天早上7点之前肯定进班管理,等到语文或者英语老师来上自习了再离开,这些都是非常低标的事儿,但是传递给孩子们的信息是重要的,因为身教重于言传;冬天很冷,同学们大课间跑步时手都喜欢把手缩在自己的袖子里,每次我特意脱去外套,站在孩子们的队伍中间,陪他们跑,陪他们喊口号,一天、两天,天天坚持,不久"二四二四、雄心壮志"的口号就响彻锦绣;在过去一年多里,我也积累了很多素材、表格,我把他们整理归档,为了之后申请当班主任打下了坚实的基础……

"逝者如斯夫,不舍昼夜。"每个人拥有的时间绝对公平。如何安排有限的时间,决定了一个人事业成就的大小和生活质量的高低。因为教师工作的重复性和特殊性,想要成长为一位优秀的教师,需要十年如一日保持初次站上讲台的那份激情快乐。看似需要在重复性的工作中不断寻求创新突破作为人类的灵魂工程师,育才的老师在教育中种下的是激情,收获的是快乐!

### 2."体面优雅"的教师形象

中小学基础教育阶段的孩子常常会对教师产生崇拜感,模仿老师的行为举止。当穿着优雅得体的老师们在明亮宽敞的办公室里温言细语地与学生贴心交谈时,当老师们享受着工作的激情快乐并收获优厚待遇时,当老师们利用闲暇听雨品茗、倚窗抚琴,过着踏雪寻梅、坐而论道的雅致生活时,对新事物充满探究欲望的孩子会感受到生活里不一样的阳光。他们由羡慕老师起始,慢慢懂得鉴别幸福生活的真实样貌、懂得欣赏美的真谛。因此,除了物质上的保障外,育才中学也从文化精神层面树立"体面优雅"的教师形象。

将学科融入优雅生活,用学科特色为自己建立"识别码系统"是育才的创举:语文老师要说好中国话、练好中国字,通过穿着汉服品诗等雅致的活动形式,体悟中国文字的美,展示中国文士的翩翩风采,传承中国文化的神韵;数学老师要带领孩子从喧闹、琐碎的网络信息时代中静下来,利用九连环等方式带领学生深入思考、感悟数学逻辑的妙处,理解进行数学运算时的冷静、运用数学时能"折枝为剑"的魅力;英语老师要熟读外文原版材料,分析对比中西文化差异之处,通过举办"喝咖啡""模拟联合国"等活动形式,搭建中国文化与世界文化的交流桥梁,带领学生站到世界"潮"头,开阔眼界;科学课老师可以举办"穿越后的幸福生活"活动形式,带领学生体验自制肥皂、自制发电机,感受强大的动手能力带来的成就感,激发学生对现实问题的探知欲望,做一个能解决显示问题的"百事通"。

通过学科特色活动,教师向学生展示了知识的另一面,将学科知识的美延伸到了生活当中。在踏实学习、努力工作的教学工作外,育才中学重视丰富教师的业余生活。如为师生举办正装晚宴,给予师生身着雅致的礼服享受收获、展示自我的机会。当师生身着正装,携手款款走上晚宴红毯时,是育才中学树立教师体面优雅的形象、培养学生积极生活态度与优雅情趣的缩影。

育才中学认为,一所好的学校应是一所有风度、有深度、有亮度、有热度的学校:文科老师决定学校的风度、理科老师决定学校的深度、音体美等活动课老师决定学校的亮度、学校后勤决定学校的热度。只有老师们各具特色,学生的学校生活才能有声有色。而"体面优雅"的教师形象,是育才特有的名片。

育才中学构建了"激情快乐"的教师心态及"体面优雅"的教师形象,为教师从物质和精神层面保障了积极的工作态度。

## 二、育才教师的专业发展机制

教师专业发展是指教师的专业知识与技能、专业价值观及发展意识等从低到高的发展过程。[1] 教师专业性发展需求是教师专业发展的内在动力,其持续开展有利于提升教师专业化程度。[2] 教师专业发展不仅关乎教师教

---

[1] 宋广文,魏淑华.论教师专业发展[J].教育研究,2005(7):71-74.

[2] 王晓莉.教师专业发展的内涵与历史发展[J].教育发展研究,2011,33(18):38-47.

学能力层级的提升,也决定了学校教师队伍建设及学校整体的教育质量,还直接影响学生学习及身心发展情况。

### (一)教师专业发展的相关研究

教师专业发展概念的提出尚不足半个世纪,但是自20世纪80年代进入我国研究领域以来,教师专业发展在理论与实践领域均获得了高度的关注。教师专业发展起源于教师专业化,随着对教师个体专业能力提升的深入研究,教师专业发展的内涵越来越丰富。而教师专业发展也经历了国家本位到学校本位的发展过程。[①] 2011年10月的《教师教育课程标准》提出了培养"专业知识融会贯通""专业精神朴实高尚""专业能力卓越出色"的卓越教师要求。有学者据此提出了以教师为本位的教师专业发展模式,突出教师在专业发展中自主作用,实现其教师人生价值及人格价值。[②]

在教师专业发展实践中,育才中学开创了特有的教师专业发展机制,保证了育才中学高质量的教师队伍及教学成果。根据学校发展的愿景、师资队伍状况以及教育发展趋势,育才中学制订了专门的师资培养规划。首先,制订师资培训的短期与长期规划;其次,普通培训与重点培训相结合。这些措施不仅发掘了教师更多的成长可能,同时也延续传承了育才中学特有的校园文化。

### (二)年轻教师的培养

大多数新进教师教学理论丰富,但实际授课经验、与家长接触的经验较为缺乏。为了让新进校的老师能更好地适应学校的生活与工作,育才中学安排了常规的规章制度学习与教学基本法培训。此外,学校还在常规培训的基础上提升、创新,为新进老师安排了各种"超常规"的培养环节。比如沿用邬晏中校长从实践中总结出来的成长方法——安排新进教师入职前半年在家长服务中心接待家长。这一方法不仅锻炼了新进教师的社交能力,同时还能帮助新进教师了解家长的吁求,有利于新进教师更好地开展工作。

---

① 郑东辉.学校本位教师专业发展的内涵解读[J].教育发展研究,2011,33(18):57-62,72.

② 宋广文,魏淑华.论教师专业发展[J].教育研究,2005(7):71-74.

除此之外，还有师徒结对、见习班主任、与浙江大学继续教育学院合作的定期教师集中培训及各种校本培训等。

1. 师徒结对

根据教师职业实践性强的特点，育才中学采用了"以老带新"的方式，为每一位新教师配备一位老教师指导教学，帮助年轻教师尽快融入教师角色。在每年教师节时，为新老教师举行"师徒结对"仪式，签署师徒责任书。责任书明确了师傅应如何辅导徒弟、徒弟应在哪些方面努力学习。这一方式注重老教师的"传"，在各学科选拔真正有领导教学科研能力的名教师，带领、指导后备人才提高教学科研水平。为了成为一名优秀的育才教师，新教师需要做一年的"影子老师"——跟着老教师学习备课、进入课堂听老教师讲课、课后学习批改学生作业以及辅导的要点。但这不是育才进行师徒结对的全部目的。

对于鸡蛋来说，从外打破是食物，从内打破是生命。人生亦是，从外打破是压力，从内打破是成长。师徒结对的目的不仅仅是向新教师传授教学基本功，更重要的是利用老教师培养"影子教师"的教学反思能力，利用新教师保持老教师的职业敏锐度和创新能力。通过师徒结对，可以促进育才新老教师沟通交流、追求教学方法上的创新与应用。

育才中学因高升学率一鸣惊人，在杭城站稳了脚跟。但当全社会都在反思中考和高考制度时，在各种改革的呼声下教育实验试点层出不穷，育才的教师怎样才能走在教育改革的前端呢？目前基础教育的课程设置和课程内容，虽极力贴近生活，引发学生的求知欲和学习兴趣，但实效不够明显。课堂上仍以向学生灌输的形式为主，学生在学习过程中缺少学习乐趣，承受身心负担。

精彩纷呈的课程内容是激发学生求知欲的根本保障。育才的教师们针对现有的课堂进行反思，关注教育前沿知识，在课堂上实验运用了多种教学方法：脑靶向教学法、达·芬奇教学法、游戏教学法、漫画教学法、合作教学法。课堂模式上，开发慕课、探索应用未来课堂、翻转课堂。同时，利用校本课程开发的方式丰富课程内容：在语言类、数学思维、科学素养、人文涵养、艺术修养、体育健康、社区实践等方向开展全方位的多元化教育内容；经过多方考察与研讨后推出特色STEAM课程（创客课程）和无边界课程。在创新性课堂推行的过程中，教师们也不断反思"学生完成了多少综合项目的深度学习,课堂的实际教学效果如何,是否有可以提高改善的地方"。通过这些方式,师徒结对达到了师徒间教学相长的效果。

　　2.储备教师

　　教学质量是一所学校的生命线。为了保证教学质量,育才中学设立储备教师队伍专项经费,所有新进教师在进校的第一年不授课但享受教师同等的待遇。储备教师第一年的工作重心就是深入课堂、研究教学、了解学生、掌握班级管理技巧。育才突破常规,要求教师将研究学生、学会与学生交朋友作为教师成长的第一课。处于青春期的中学生情绪化倾向突出,学习及生活容易被情感左右。他们会因为不喜欢某位老师,进而抵触老师所授科目。而良好的师生关系有利于维持良好的课堂秩序,提高学生听课效率、作业质量。

　　教师教学能力培养方面,育才中学有一套完整的囊括备课、授课、测试及反馈的教学环节培养方法——"六步教学法"。为了确保优质的课堂教学质量,育才中学要求储备教师必须熟悉掌握"六步教学法"后才能走上讲台。"六步教学法"具体包括:

　　三次备课、分层授课、全批全改、个别辅导、阶段测试和分析调整。

　　育才所有的课程需要经过三次备课,形成最优的课前准备。在三次备课中,第一次是教研室集体备课,全组精备一部分内容,以确定教学的难点,形成教学思路;第二次备课为教师备教材、备学生、备方法——个人备自己最擅长的课型,教师从所有的题目中精选例题,合理安排师生互动、学生练习与教学时间的比例;第三次备课是备课堂的得失与亮点,根据学生的特点调整最后的教学方案,并进行全组资源共享。这种从备课组到纵向教研组,从备课本到实际课堂,再到横向年级组之间相互学习、互通有无的"互补"精神让育才教师队伍形成了一种"好伙伴"的关系,构建了良好的教师成长氛围。

　　分层授课是"因材施教"的课堂具体措施,包括4个层面:分层备课、分层设问、分层作业和分层调整。分层作业是指课后的练习内容安排。各组教师会根据老教师提供的经验性资料、新教师编写的创新题以及选定的若干套练习册,将其中合适的部分抽选出来,编辑成更有针对性的练习册。为了把握学生所需练习时间以及删除不必要的练习题,在发放给学生练习前,要求教师将作业先做一遍。育才提倡"课内独立三道题",即在课堂与尽量精讲多练,保证最低水平的学生在课堂内有独立完成三道题的时间。同时,课后教师通过定对象、定目标、定时间、定地点的流程,选10～15名学生进行个别辅导,也就是育才特有的"面批"。通过这一方法,教师能关注、满足各个水平的学生课堂学习情况,杜绝教师关注盲区现象。这不仅能帮助教师把握学生真实作业情况,也能提高班级整体成绩。

学习完成后,需要进行测试巩固。育才的测试有4个环节,以英语课为例:日习——以当天单词或课文重点句子为主,周测——检测单元学习内容,月考——测试当月教授3～4个单元的内容,期结——检测本学期所学内容。最后的教学环节是教师个人、备课组、各个年级组到全校的质量分析与教学调整,即利用统一的分析统计表对教学成果进行分析总结。教师按规定项目统计任教班级的各项数据,填写质量分析表,同时由备课组长汇总本学科数据。最后,按照发言提纲,教师对作业进行日分析,对单元测试做周调整,同时对教学成果做月总结。根据测试表现决定下一阶段的管、教、学,育才的教学是一个不断循环打磨的过程。

常规情况下,育才中学会安排教师固定教授某一班级直教至毕业。因此,在一届学生中考结束,各科教师均掌握了学生的各类共性与个性资料。教师需要将资料归类整理,在教务处的组织下与其他年级组沟通、分享,达到全校的有效教学生态生长。从教学出发到利用测试反馈的结果进行全面的分析反思,然后反馈到教学上,做到有的放矢地提升教学质量(见图4.1)。这样的教学质量管理,环环相扣,无缝衔接,相辅相成,是育才教学质量的重要保证。

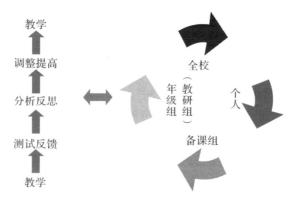

图4.1　育才的教学流程

### 3.见习班主任

"立德树人"是教育工作中不可或缺的一个重要组成部分,班主任工作的重要性不言而喻。以青春期的孩子为对象的"育人"是对个人能力的全面挑战,班主任工作的挑战性毋庸赘述。为了选拔出更为优秀的教师担任"育人"的重责,育才采用了"见习班主任"制度。在进行班主任资格考核前,见习班主任需要做班主任的"影子",学习育才在学生的生活、学习、品德方面的"养""长"之道。

生活方面,见习班主任需要从家长和学生两个点下功夫。首先要钻研青少年身心发展规律,把表扬学生当作本能反应,给予学生肯定,让学生在学校产生愉悦的体验,爱上学校与课堂。同时,从学校生活的细微处关爱学生,帮助他们健康成长,如关心学生饮食习惯,保证充分的营养摄入;保持教室干净整洁,培养学生的卫生健康意识;检查就寝情况,确保学生在舒适安全的寝室中得到充足的休息。此外,了解学生心理特点、学习和学生相处的艺术也同等重要。从小学升入初中的孩子,品性都还未定型。因此,在初一时制定各种行为准则,树立良好的班风,培养、纠正学生的行为习惯非常重要。处于青春期的中学生性格单纯又容易冲动,在处理矛盾的过程当中,班主任要学会一门与青少年相处的特殊技巧——适当示弱。这种示弱不是性格软弱、缺乏主见的表现,而是从关爱孩子的角度理解孩子的情绪,缓解冲突,以便达到以理服人的最终目的。其次,与家长保持沟通。育才重视家校关系,设立了家长服务中心。同时对班主任工作也有具体的要求:寒暑假必定电话询问每位学生的假期安排、作业完成情况;每学年一次全员家访,家访前拟好提纲,家访结束后做好总结,形成详尽的家访报告;学生生病请假,班主任一天一次电话问候……确保在生活上,把家长托付给学校和班主任的孩子"养"好、"养"壮实。

学习方面,老师需要从班级和学生个人两个方面帮助学生成长。良好的成长环境对青少年的健康成长意义重大。因此,班级建设最重要的是引导学生建立良好的学风和班风,培养学生正确的审美观和价值观,确立积极进取的人生目标。而学生的学不仅仅着眼于一个知识点的学习,而要培养学生良好的学习习惯,贯彻育才的"学习六步法":预习落实、听课认真、作业独立、纠错及时、考试诚实、平时多想多练。这些良好的学习习惯能培养学生自主学习能力。具体到各科的学习,班主任需要及时与各科任课教师了解掌握学生的测试成绩。与有需要的学生进行面谈,为学生提供必要的帮助解决其学业上的困难。

孩子的成功就是让自己成长,老师的成功就是帮助学生成长。见习班主任的工作主要以学生的 5 个指标衡量:人生有目标、学业有进步、特长有发展、交往有伙伴、成长有呵护。见习班主任学习如何帮助孩子成长、为学生构建全生态的丰富内在时,自己也得到了提升,这就达到了师生间教学相长的"养长之道"。

### (三)优秀教师的培养

教师的个人发展对学校的口碑与发展至关重要。因此,育才中学不仅重视教师高尚的品格、出众的教学业务能力,也重视提高教师的情商、对外开拓和社交等能力。老师们进入学校可以"两耳不闻窗外事,一心只教圣贤书",专心钻研教学。同时,育才更鼓励教师多方面发展,为教师搭建多方位的成长平台。如鼓励教师在教学上精益求精而举办教学比赛、为教有余力的教师提供"校长工作室"等教学管理兼任岗位、精神及物质奖励结合的激励方式。

#### 1.教学比赛

教师的职业地位体现在专业性上。育才为教师们提供各种教学相关技能比武机会,不仅能展示教学技能,也能发现他人课堂的亮点,取他人之所长来提高自己的课堂教学能力。比如,从 2013 年开始设立"好课对抗赛",让好课站上舞台,全集团教师共同参与角逐。教务处也积极组织排课,安排教师观摩好课。参与对抗赛的教师经过逐级选拔,不仅提升个人的教学能力,最终决胜出的 10 位优秀教师还各获得 1 万元的奖金。一位年轻教师参与好课对抗赛的资料展示了好课对抗赛对促进青年教师成长的积极作用:

……我已逐渐适应学校的教育教学生活,教学成绩也步上正轨,教育水平也有了一些提高,正当我沾沾自喜觉得自己还不错的时候,2013年 10 月,一次打击突如其来,敲碎了我的想法,也让我深深地震撼! 那就是集团的"好课对抗赛"。《都市快报》对我们学校这次活动做了头条报道，内容是："育才中学老师上一节好课，学校奖一万。"我摩拳擦掌、跃跃欲试，总想在这次活动中有所斩获，却发现山外有山、人外有人。我们集团真是藏龙卧虎，直到这时，我才有点明白校领导经常说的"教育教学的板凳要坐得十年冷"的含义；经过一年的积淀、准备，在今年的第二届好课对抗赛上，我周五就要参加第二轮的角逐，这次，我一定争取冲入集团总决赛，拿下一万元！

育才中学没有止步于此。作为一所尚年轻但取得了较好成绩的民办学校，育才中学渴望向每一所有特点的学校学习。因此育才中学将目光从校内转向了全国优秀学校，将"好课对抗赛"升级为"好课邀请赛"。"好课邀请赛"邀请了全国著名学校的教师进行好课对抗。对抗赛的目的不仅仅是为了提高教师教学热情、奖励优秀教师，更重要的是将优秀课堂搬上更大的讲台，组织老师们观摩学习，使全校的教学水平更上一层楼。

### 2. 多形式的教师激励机制

古人云："三人行，必有我师焉，择其善者而从之，其不善者而改之。"作为教师，也有必要把自己放在比较低的学习者的位置，保持谦虚学习的态度。新进教师在师范院校就读时，进行了丰富的繁杂教育学理论知识学习。但是从事教育实践工作后，一步步踏实践行、检验理论，谦虚向他人学习，才能成为一名兼具深厚理论知识功底与实践能力的好教师。为此，育才进行了各类评比，如教研组常规性备课本评比、奖励获得满分的教师，教职工"月度人物""年度人物"评选等。

育才中学承认和尊重教师的劳动，鼓励教师的成长。其目的是让最有才华、最有责任心的教师获得最高的职权、最多的收入，激励教师力争成为行业领头羊、名师、大学者。因此，育才中学坚持"不搞平均分配，不吃大锅饭，平均发的经费尽量少"，提供"校长工作室"等教学管理兼任岗位，激励教师努力进取。一位进入校长工作室的年轻教师写道：

"两耳不闻窗外事，一心只教圣贤书"，这也许是部分教师的想法。我们集团的"校长工作室"又为我打开了一扇新的大门。我非常荣幸成为"校长工作室"里最小的"十八弟"。我们工作室一期 16 人，二期 18 人，加上遂昌共计 50 余人。我们的导师第一节课主讲的"学校的组织架构"就使我从一个普普通通的老师站到学校管理者的角度去思考问题。

之后的课堂,不论是"六维管理"的讲解还是"演讲与口才"的培训,都让我大开眼界,"超常规"成长。

我们学校从不论资排辈、我们学校从来都是能者上、庸者下,所以给了我们这样的年轻教师很大的成长空间,如果你要问我什么是育才关于青年教师成长的味道,我会说,是超常规成长!

育才中学独具特色的专业发展机制培养了一批批优秀的执教教师,同时也为育才教学管理输送了能力突出、干劲十足的储备人才。人才是稳固的教学质量和教学管理的有效保障。育才中学在实际教学中摸索出的教师专业发展机制为我国民办教育做出了有意义的探索。

# 三、育才教师的职业发展现状

育才中学有非常严格的师德师风建设制度及完善的教师专业成长机制,在这些制度及机制的促进下,育才教师的职业发展是否也呈现了较为积极的状态?笔者对 80 位育才教师进行了问卷调研,以获得他们的职业发展现状。

## (一)调研方法

### 1. 样本教师构成

80 名育才教师参与了本次调研,样本教师的人口学构成如表 4.1 至表 4.6 所示。在 80 名样本教师中,女教师占了 3/4,教龄 7 年以上的占了近 60%,大部分教师无行政经历,86% 的教师为本科学历,六成以上在初中部教学,教师健康状况良好。

表 4.1　样本教师的性别构成($N=80$)

| 选项 | 人数 | 占比(%) |
|---|---|---|
| 男 | 20 | 25 |
| 女 | 60 | 75 |

**表 4.2　样本教师的教龄构成（$N=80$）**

| 选项 | 人数 | 占比（%） |
|---|---|---|
| 0～3 年 | 13 | 16.25 |
| 4～7 年 | 19 | 23.75 |
| 8～15 年 | 31 | 38.75 |
| 15 年以上 | 17 | 21.25 |

**表 4.3　样本教师的行政经历构成（$N=80$）**

| 选项 | 人数 | 占比（%） |
|---|---|---|
| 有行政经历 | 14 | 17.5 |
| 无行政经历 | 66 | 82.5 |

**表 4.4　样本教师的健康状况构成（$N=80$）**

| 选项 | 人数 | 占比（%） |
|---|---|---|
| 不健康 | 2 | 2.5 |
| 普通 | 36 | 45.0 |
| 健康 | 42 | 52.5 |

**表 4.5　样本教师的学历构成（$N=80$）**

| 选项 | 人数 | 占比（%） |
|---|---|---|
| 本科以下 | 1 | 1.25 |
| 本科 | 69 | 86.25 |
| 硕士研究生 | 10 | 12.50 |
| 博士研究生 | 0 | 0 |

**表 4.6　样本教师的任教学校类型构成（$N=80$）**

| 选项 | 人数 | 占比（%） |
|---|---|---|
| 普通高中 | 2 | 2.5 |
| 初中 | 50 | 62.5 |
| 小学 | 28 | 35.0 |

2. 调研问卷

(1)教师创新素养问卷。这份量表由 Zhu 和 Wang 两位学者在 2014 年编制[①]，共包括 4 个因子、17 道测题。第一个因子是教师学习能力因子，包含 4 道测题，如"反思学习能力"；第二个因子是社会能力因子，包含 5 道测题，如"坚持能力"；第三个因子是教育能力因子，包含 6 道测题，如"快速反应能力"；第四个因子是技术能力因子，包含 2 道测题，如"在教育中使用 ICT 和多媒体的能力"。问卷使用李科特 5 点量表计分，1 代表完全不具备，5 代表完全具备，量表测量了被试在创新素养上的具备程度。

(2)教师压力量表。教师感受到的压力大小采用 Chappel (2012)编制的量表进行测量。[②] 这份量表包括 6 道测题，如在过去的 3 个月，你是否有"因为发生的事情超出自己的控制而感到愤怒""感到问题堆了一大堆，自己却无法克服和解决它们"等。量表采用李科特 5 点计分量表，1 代表从来没有，5 代表经常。在这些测题上的高得分意味着被试教师的高压力。

(3)教师生活满意度量表。教师生活满意度量表采用 Diener 等学者编制的量表[③]，量表包括 5 道测题，如"我的生活在大多数方面接近我的理想""到目前为止，我已经获得了生活中我想要的重要的东西"等。量表采用李科特 7 点计分，被试在量表各测题上的得分越分，表明其生活满意度越高。

(4)教师工作满意度量表。量表改编自 Quinn 和 Stanes (1979)编制的工作满意度量表[④]，量表包括 3 道李科特 5 点计分测题："总的来说，你对现在的工作满意吗？""你现在所从事的工作在多大程度上符合你选择这份工作时对它的期待？""当你的好朋友说他/她对你所从事的工作感兴趣，并希

① Zhu C, Wang D. Key competencies and characteristics for innovative teaching among secondary school teachers: a mixed-methods research[J]. Asia Pacific Education Review, 2014, 15(2): 299-311.

② Chappel A M. A longitudinal investigation of stress, complete mental health, and social support among high school students[D]. University of South Florida, 2012.

③ Wang X D, Wang X L, Ma H. Rating scales for mental health[M]. Beijing: Chinese Mental Health Journal Press, 1999.

④ Schonfeld I S. Stress in 1st-year women teachers: the context of social support and coping[J]. Genetic, Social and General Psychology Monographs, 127(2): 133.

望听你的建议时，你会怎么做？"被试在 5 道测题上的得分越高，表明其对自身的工作满意度越高。量表采用 5 点计分。

（5）教师自我效能量表。教师自我效能的测量采用俞国良、辛涛、申继亮修订及编制的教师教学效能感量表[①]，量表包括两个因子：一般教育效能（共有 10 道测题，如"一个班上的学生总会有好有差，教师不可能把每个学生都教成好学生""一般来说学生变成什么样是先天决定的"）和教师个人教学效能（共有 17 道测题，如"我能解决学生在学习中出现的问题""课堂上遇到学生捣乱，我常不知道应该怎样处理"）。量表采用李科特 6 点计分，1 表示完全不赞成，6 表示完全赞成。一般教育效能所有测题为反向计分题，被试得分越高，表明其一般教育效育越低；教师个人教学效能中有 6 题为反向计分题，反向计分题通过转换后，被试得分越高，表明其个人教学效能越高。

3. 调研程序

在确定调研目标后，笔者选择了使用面较广，信、效度较好的研究量表，制作成问卷星进行施测。育才教师根据自愿填写研究问卷，从而获得本研究的基本教师调研数据。之后，研究者采用描述性统计分析方法、差异检验法、回归法等各种研究方法，对研究问卷的各描述性研究结果、人口学差异结果及变量之间的预测结果进行计算与分析。

（二）调研结果

1. 各研究变量的描述性统计结果

本研究测量了被试教师的创新素养、压力感受、生活满意度、工作满意度和教师教学效能，各研究变量的平均数和标准差如表 4.7 所示。

表 4.7　各研究变量的描述性统计结果（$N=80$）

| 研究变量 | 极小值 | 极大值 | 均值 | 标准差 | 计分方法 |
| --- | --- | --- | --- | --- | --- |
| 学习能力 | 1.00 | 5.00 | 4.46 | 0.78 | 5 点计分 |

---

① 俞国良,辛涛,申继亮.教师教学效能感结构与影响因素的研究.心理学报,1995,27(2):159-167.

**续表**

| 研究变量 | 极小值 | 极大值 | 均值 | 标准差 | 计分方法 |
|---------|--------|--------|------|--------|---------|
| 社会能力 | 1.00 | 5.00 | 4.54 | 0.71 | 5点计分 |
| 教育能力 | 1.00 | 5.00 | 4.40 | 0.70 | 5点计分 |
| 技术能力 | 1.00 | 5.00 | 4.33 | 0.88 | 5点计分 |
| 教师创新素养 | 1.00 | 5.00 | 4.45 | 0.69 | 5点计分 |
| 教师压力 | 1.00 | 5.00 | 2.33 | 1.04 | 5点计分 |
| 教师生活满意度 | 1.40 | 7.00 | 4.70 | 1.33 | 7点计分 |
| 教师工作满意度 | 1.00 | 5.00 | 4.03 | 0.89 | 5点计分 |
| 一般教育效能感 | 1.00 | 6.00 | 3.34 | 1.18 | 6点计分 |
| 个人教学效能感 | 2.76 | 6.00 | 4.81 | 0.74 | 6点计分 |
| 教师教学效能 | 2.11 | 5.74 | 4.27 | 0.64 | 6点计分 |

由表4.7可知,育才教师在创新素养上得分较高,在5点计分量表中达到4.45分,远远高于平均水平;教师的压力感较低,在5点计分中得分为2.33,教师的压力感低于平均分数;教师的工作满意度较高,而生活满意度居于中间水平;一般教育效能处于平均水平,而个人教学效能感相比较于一般教育效能感要高。依据描述性统计结果,育才教师的职业发展现状整体较为积极。

2.各研究变量的相关结果

各研究变量的相关结果如表4.8所示。由表4.8可知,教师压力与教师创新素养各因子、教师生活满意度、教师工作满意度和教师个人教学效能感存在积极的负相关,即教师感受到的压力越大,教师在创新素养、生活满意度、工作满意度和个人教学效能感上的得分就越低;此外,教师一般教育效能感和教师教学效能感总分与其他各研究变量基本不存在相关。

表 4.8 各研究变量的相关统计结果（N＝80）

| 研究变量 | 学习能力 | 社会能力 | 教育能力 | 技术能力 | 教师创新素养 | 教师压力 | 生活满意度 | 工作满意度 | 一般教育效能 | 个人教学效能 | 教师教学效能总分 |
|---|---|---|---|---|---|---|---|---|---|---|---|
| 学习能力 | 1 | | | | | | | | | | |
| 社会能力 | 0.824** | 1 | | | | | | | | | |
| 教育能力 | 0.858** | 0.916** | 1 | | | | | | | | |
| 技术能力 | 0.678** | 0.671** | 0.732** | 1 | | | | | | | |
| 创新素养 | 0.924** | 0.950** | 0.972** | 0.795** | 1 | | | | | | |
| 教师压力 | −0.210 | −0.233* | −0.265* | −0.287* | −0.264* | 1 | | | | | |
| 教师生活满意度 | 0.301** | 0.336** | 0.333** | 0.233* | 0.336** | −0.481** | 1 | | | | |
| 教师工作满意度 | 0.325** | 0.329** | 0.343** | 0.312** | 0.356** | −0.387** | 0.730** | 1 | | | |
| 一般教育效能感 | −0.196 | −0.172 | −0.173 | −0.277* | −0.208 | 0.218 | −0.161 | −0.226* | 1 | | |
| 个人教学效能感 | 0.375** | 0.309** | 0.330** | 0.265* | 0.351** | −0.179 | 0.146 | 0.208 | 0.009 | 1 | |
| 教师教学效能总分 | 0.138 | 0.106 | 0.121 | 0.003 | 0.113 | 0.019 | −0.004 | −0.003 | 0.689** | 0.731** | 1 |

＊＊表示在 0.01 水平且差异显著。

### 3.各研究变量的人口学差异结果

采用 t 检验和 F 检验法,对不同性别、教龄、学历等的教师在教师创新素养、教师压力、教师生活和工作满意度、教师教育效能等上的差异进行检验。首先采用检验方法,对不同性别的教师在各研究变量上的差异进行检验,结果表明各研究变量在性别上的差异并不显著。如表 4.9 所示。

**表 4.9　各研究变量的性别差异结果（N=79）**

| 研究变量 | 性别 | 频数 | 均值 | 标准差 | t |
|---|---|---|---|---|---|
| 学习能力 | 男 | 20 | 4.487 | 0.547 | 0.167 |
| | 女 | 59 | 4.453 | 0.853 | |
| 社会能力 | 男 | 20 | 4.610 | 0.488 | 0.492 |
| | 女 | 59 | 4.518 | 0.778 | |
| 教育能力 | 男 | 20 | 4.516 | 0.442 | 0.875 |
| | 女 | 59 | 4.358 | 0.762 | |
| 技术能力 | 男 | 20 | 4.300 | 0.594 | −0.169 |
| | 女 | 59 | 4.339 | 0.967 | |
| 教师创新素养 | 男 | 20 | 4.511 | 0.439 | 0.479 |
| | 女 | 59 | 4.425 | 0.760 | |
| 教师压力 | 男 | 20 | 2.558 | 1.028 | 1.152 |
| | 女 | 59 | 2.248 | 1.043 | |
| 教师生活满意度 | 男 | 20 | 4.350 | 1.238 | −1.361 |
| | 女 | 59 | 4.816 | 1.354 | |
| 教师工作满意度 | 男 | 20 | 3.966 | 0.936 | −0.338 |
| | 女 | 59 | 4.045 | 0.885 | |
| 一般教育效能感 | 男 | 20 | 3.375 | 1.240 | 0.167 |
| | 女 | 59 | 3.323 | 1.170 | |
| 个人教学效能感 | 男 | 20 | 4.838 | 0.629 | 0.175 |
| | 女 | 59 | 4.804 | 0.776 | |
| 教师教学效能总分 | 男 | 20 | 4.296 | 0.611 | 0.753 |
| | 女 | 59 | 4.256 | 0.655 | |

本调研中，教师的教龄被分为四类，分别是0～3年、4～7年、8～15年和15年以上。F检验结果表明，不同教龄的教师在创新素养、教师压力、教师生活满意度和工作满意度均无显著差异，但在教师个人教学效能感和教师教学效能总分上存在显著差异。LSD检验结果表明，7年以上教龄的教师在教学效能总分上显著高于7年以下（包括7年）教龄的教师。

**表 4.10　各研究变量的教龄差异结果（$N=79$）**

| 研究变量 | 教龄 | 频数 | 均值 | 标准差 | 标准误 |
|---|---|---|---|---|---|
| 学习能力 | 0～3 年 | 12 | 4.500 | 0.935 | 0.436 |
| | 4～7 年 | 19 | 4.342 | 0.688 | |
| | 8～15 年 | 31 | 4.427 | 0.662 | |
| | 15 年以上 | 17 | 4.632 | 0.992 | |
| 社会能力 | 0～3 年 | 12 | 4.416 | 0.962 | 0.377 |
| | 4～7 年 | 19 | 4.452 | 0.603 | |
| | 8～15 年 | 31 | 4.587 | 0.508 | |
| | 15 年以上 | 17 | 4.647 | 0.958 | |
| 教育能力 | 0～3 年 | 12 | 4.361 | 0.791 | 0.160 |
| | 4～7 年 | 19 | 4.333 | 0.577 | |
| | 8～15 年 | 31 | 4.403 | 0.585 | |
| | 15 年以上 | 17 | 4.490 | 0.949 | |
| 技术能力 | 0～3 年 | 12 | 4.500 | 0.522 | 0.317 |
| | 4～7 年 | 19 | 4.394 | 0.737 | |
| | 8～15 年 | 31 | 4.225 | 1.023 | |
| | 15 年以上 | 17 | 4.323 | 0.999 | |
| 教师创新素养 | 0～3 年 | 12 | 4.426 | 0.815 | 0.188 |
| | 4～7 年 | 19 | 4.377 | 0.565 | |
| | 8～15 年 | 31 | 4.442 | 0.571 | |
| | 15 年以上 | 17 | 4.550 | 0.941 | |

续表

| 研究变量 | 教龄 | 频数 | 均值 | 标准差 | 标准误 |
|---|---|---|---|---|---|
| 教师压力 | 0～3 年 | 12 | 2.666 | 1.128 | |
| | 4～7 年 | 19 | 2.350 | 1.087 | |
| | 8～15 年 | 31 | 2.268 | 1.034 | |
| | 15 年以上 | 17 | 2.166 | 0.977 | |
| 教师生活满意度 | 0～3 年 | 12 | 4.550 | 1.119 | 1.956 |
| | 4～7 年 | 19 | 4.284 | 1.516 | |
| | 8～15 年 | 31 | 4.671 | 1.392 | |
| | 15 年以上 | 17 | 5.317 | 0.979 | |
| 教师工作满意度 | 0～3 年 | 12 | 3.944 | 0.874 | 1.589 |
| | 4～7 年 | 19 | 3.789 | 1.084 | |
| | 8～15 年 | 31 | 3.989 | 0.858 | |
| | 15 年以上 | 17 | 4.411 | 0.651 | |
| 一般教育效能感 | 0～3 年 | 12 | 3.058 | 1.286 | 2.004 |
| | 4～7 年 | 19 | 2.905 | 1.066 | |
| | 8～15 年 | 31 | 3.674 | 1.230 | |
| | 15 年以上 | 17 | 3.400 | 1.018 | |
| 个人教学效能感 | 0～3 年 | 12 | 4.377 | 0.682 | 5.177** |
| | 4～7 年 | 19 | 4.523 | 0.930 | |
| | 8～15 年 | 31 | 4.929 | 0.614 | |
| | 15 年以上 | 17 | 5.231 | 0.446 | |
| 教师教学效能总分 | 0～3 年 | 12 | 3.888 | 0.552 | 6.437** |
| | 4～7 年 | 19 | 3.924 | 0.805 | |
| | 8～15 年 | 31 | 4.464 | 0.449 | |
| | 15 年以上 | 17 | 4.553 | 0.525 | |

＊＊表明 F 值在 0.01 水平上差异显著。

　　此外,有无兼任行政工作的教师在各研究变量上的得分不存在显著差异;不同学历的教师在各研究变量上的得分不存在显著差异。教师健康状况对于各研究变量的影响整体不显著(因身体不健康的教师人数比例极低,样本过小,未作统计)。

(三)结论与思考

育才教师职业发展现状调研结果表明,育才中学严格的师德师风建设制度及完善的教师专业成长机制对育才教师的专业成长起了较为积极的影响作用。在调研的数据结果上获得的主要结论如下。

第一,育才教师的职业发展现状整体较为积极。除了生活满意度因子的得分居于中间水平外,育才教师在创新素养、工作满意度、个人教学效能感上要高于平均分,在教师压力上要低于平均分。

第二,除了教龄对教师教学效能感存在一定影响外,各研究变量在人口学变量上基本不存在显著差异。教龄高于 7 年的教师在教师教学效能感上得分要显著高于教龄低于 7 年的教师。而性别、学历、是否兼任行政工作等因素对教师的职业发展现状并不存在显著影响。

第三,教师创新素养与教师生活满意度、工作满意度及个人教学效能感上存在显著正相关,而与教师压力存在显著负相关。说明教师的能力,包括学习能力、社会能力、教育能力和技术能力越强,则教师对生活及工作的满意度越高,教师的个人教学效能感也越强。

育才的教师团队无疑是卓越的。要在这个基础上实现更大的发展,需要突破一些瓶颈性问题,在关键环节上实现跨越式发展。

第一,强化科学育人理念,提升教师的职业认同感,引领教师专业发展的方向。没有自己教育理念的教师,其教学与育人工作容易存在天花板。科学的育人理念,对普通教师来讲,可能用处不大,但对卓越教师来说,却是其之所以卓越的内在根源。对一所学校来说,卓越教师并不是自然而然形成的,也不是师范大学直接能培养的,卓越教师的培养及其专业成长离不开科学教育理念的引领。一所名校之所以能为民众认可,不仅仅是学生在各类考试中的成绩,更是学校的育人理念,教师团队的育人理念。多年来,育才学校的办学理念已经得到了社会较广泛的认可,在根据社会发展与时代进步继续提炼办学理念的基础上,学校在教师培养、教师专业发展方面,需要更有效地将学校独特的育人理念融入教师专业成长的各个环节与阶段之中,使学校的育人理念为教师真正认同,使教师的职业认同感与对学校育人理念的内化融为一体,真正形成育才的育人理念、育人文化与教师职业文化全方位的共通融合。育才学校作为全国知名民办学校,可以更鲜明地亮出自己的独特育人理念,更好地以此育人理念引领教师专业发展。尤其是在当前基础教育改革向纵深方向发展,以核心素养为基调的课程改革如火如荼开展的背景下,更需要以科学育人理念来引领教师职业发展,打造新时代,属于育才的卓越教师团队。

第二,为教师专业发展打造更显人性化的制度环境,激励教师自我成就与自我奉献。有了科学、先进的育人理念,并不等于卓越的教师自然就能形成,还需要学校在教师专业成长的制度设计与环境营造上下功夫,激励各个教龄段的教师科学设定职业发展目标,不断挑战自我,不断进步,在不断提升专业能力的过程中实现自我。育人学校在教师的专业成长与培养方面已经形成了行之有效的一套管理办法与制度文件,尤其是新教师培养方面的制度设计很有针对性,也很有效。在学校进一步发展上,教学质量与育人绩效需要提出进一步提升的要求,学校的教师专业发展制度与环境需要更进一步探索符合教师专业发展心理规律的做法,在制度内容设计与环境细节上,可以更好地借鉴优秀创业企业与创新型公司在人员激励方面的经验,与知名高校教育学院、教师心理研究团队合作,打造属于育才特有的教师专业发展制度与激励机制,不仅让家长与社会上的其他利益相关者在大学校制度与教师工作环境上能识别出育人的教师文化,乃至于从学校教师的办公环境与休闲环境设计中都能感受育才独特的教师团队文化。从更完善的制度和更有富人性化的教师专业成长与工作环境建设的角度看,育才学校可以更系统对成功有效的制度与经验进行总结提升,使学校的育人理念、办学理念与教师专业成长的具体制度紧密结合在一起,以理念保证制度的科学性与人性化,以制度落实育人理念,最终实现教师专业成长与学校的理念、制度高度契合。

第三,进一步完善教师专业技能提升与成长平台,持续将教学与育人的核心技能作为职业竞争的主要指标。教师的培养除了理念上的引领,制度上的保证与监督,最终还需要落实到专业技能的实践锻炼上来。育才可以在现有的教学技能比武等教师专业能力提升渠道上拓展形式,在深入把握新一代年轻教师的职业理想与个性特长的基础上,将核心素养引领下的课程改革对教师课堂内外核心技能作为教师专业成长与教师评价的重要平台,构建多层次、多层级的学校教师专业技能展示与成长途径,让各个教龄、各类职称,各个学科、不同学段的教师都有专业教学技能、班级管理与育人技能、信息技术应用于课堂教学技能等新时代教师专业关键素养展示的机会。同时,要构建校内名师与青年教师技能互评互动的机制,让青年教师与资深教师、名师在一个良好的重技能、评技能,提升技能的良好氛围中共同提升教师专业技能。另外,鉴于教龄对工作能效有一定的影响,针对教师的职业倦怠,学校应该有更具针对性的工作方案,帮助教师走出职业成长平台期,更好地实现自我价值。

第四,拓展教师专业发展视野,完善与校内外各利益相关机构的互动与联系,以改革与创新为指引,增强教师群体的创新意识与国际化交流能力。当今世界,社会发展与科技创新日新月异,校园之内的教学与教育需要与时代变化保持协调一致,甚至于在长远理念上,要教育学生引领社会变革、奉献自身力量于社会公平与正义的理想。对于教师专业来说,育才需要进一步形成突破了传统教师角色、教师职业框架的创新视野,在精雕细琢教师的教学技能、职业道德、专业知识等关键能力的同时,需要让教师走出课本,走出课堂,走出校园,多角度全方位地了解教育、了解学生、了解家长对教育的期望——进而真正理解自己所从事的职业在社会中的意义。尤其作为处于日趋国际化的杭州的著名民办学校集团,学校在培养教师时更要结合杭州在教育国际化、城市国际化方面对教育工作者的要求,要创造更多的机会让教师参与并感受国际化教育的浪潮,开拓自己的视野,既了解发达国家教育工作者的可取经验,也了解世界基础教育发展的改革潮流与创新趋势,进而对自己的工作理念,教学技能与国际交流能力提出更高的要求。在这个意义上,育才学校可以与国际化的名校、高校进行更多的师资交流与工资交流,打造具有育才特色的国际化教师团队。

## 第五章

# 守正创新:育才的教学实践

育才在十几年的教学实践中不断寻求独具特色的育才教学模式,在理念上、教学技术手段和教学方法上不断创新,尊重学生身心发展规律,给予学生最适合的教育,逐渐形成了育才模式。

## 一、传统教学论与现代教学论之辩

### (一)传统教学过程观

传统教学过程观在教与学方面主要认为:教学以教师为中心,以知识传授,记忆积累为目标、是知识的单向传递;备课的目的是为课堂知识讲解做准备,主要是以完成进度为目的,教学过程的设计主要是以知识讲解为主,展开封闭的以教师为中心的教学。

涉及传统教学方面,捷克教育家夸美纽斯的《大教学论》和德国教育家赫尔巴特的《普通教育学》是经典之作。夸美纽斯提出,一切学科都应加以排列,使其适合学生的年龄等。夸美纽斯着重对教学的便易性、彻底性和迅速性原则进行了阐述,提出了许多宝贵的建议,如:教学应从观察开始,运用直观方法;教学内容的安排要由易到难,由简到繁,由近及远,从一般到特殊,务使先学的为后学的扫清道路;依据学生的智力特点安排课程;加强练习、实践以巩固知识;实行班级授课制,制订详细的教学计划;等等。赫尔巴特提出"四段教学法",即教学可以按照明了、联想、系统、方法四步去进行,其中明了是指给学生明确地讲授新知识,联想是指新知识要与旧知识建立联系,系统则是说做出概括和结论,方法指的是把所学知识应用于实际(习题解答、书面作业等)。同这 4 个阶段相应的学生的心理状态是:注意、期待、探究和行动。后来,被席勒发展为五段,即预备、提示、联系、总结、应用,都强调教师的权威作用。

1949 年之后,我国教育界受苏联影响较大,其中苏联教育家凯洛夫的传统教育过程观对我国教育界影响最大。他主编的《教育学》教科书提出了"三中心论""五环节说""六大原则""九大教学方法"等。具体而言,"三中心论"是指以教师为中心,以教科书为重心和以课堂教学为中心;"五环节说"则指的是教学过程由"准备、复习旧课、教授新课、巩固练习、布置家庭作业"组成的;另外,该书强调教学本质"特殊认识论"的基本哲学立场,教学中要贯彻学生自觉性、积极性,直观性,理论与实际相结合,系统性和连贯性,巩固性,可接受性等"六大原则";以讲授法为核心的"九大教学方法"等,[1]当时几乎做到每个教师皆知。

传统教育过程观以教师为中心,操作性强,在有升学压力的中考制度下,以最快捷的方式拓展学生知识面,有较大的实施优势,这也是它在实践中得以长期存活的原因。但是片面以学生为中心也容易造成一定的负面影响,比如由于不断强化教师在课堂中的中心角色和简单的操作需要,封杀了教师在理论和创造意义上探索教学工作的需求。因此,教学过程中还应该充分发挥学生学习主动性,实现教学相长。这就要求吸纳现代教学论关于学生中心的教学模式。

### (二)现代教学过程观

杜威认为,真正的理解是与事物怎样运作和事情怎样做有关的,理解在本质上是联系动作的。由此出发,他将立足于"行动"的学习与不确定情境中的探索联系在一起,正是情境内在独特的、积极的、不确定性才能使探索存在并激励和指导着探索的前进。杜威强调,教育必须建立在经验的基础上,教育就是经验的生成和经验的改造,学生从经验中产生问题,而问题又可以激发他们运用探索的知识产生新概念。[2]

---

①  凯洛夫.教育学[M].北京:人民教育出版社,1957:130-221.

②  温彭年,贾国英.建构主义理论与教学改革——建构主义学习理论综述[J].教育理论与实践,2002(5):17-22.

杜威以儿童为中心、以经验的重组为教学本质、以活动和练习为基本教学组织方式等实用主义教学观,开了现代教学论的先河。① 他强调教学过程中以学生为核心,教师在教学中起指导和辅助的作用,教学过程的重心放在了学生的学习上,教师的教要服从于学生的学,教学过程要根据学生的需要和兴趣进行,以学生的主动学习为主。

杜威现代教学理论中提出了对学生的学习与发展的研究与关注,之后许多新的教育哲学与心理学理论不断诞生,现代教学论并没有停留在杜威,而是沿着不同的路线发展。中国教育界较熟悉的有布鲁纳的结构主义教学理论、克拉夫基的"范例教学"、维果茨基的儿童最近发展区与最佳教学阶段的学说、赞科夫的教学与发展的理论、巴班斯基的教学最优化理论,以及布卢姆的目标分类理论等。但改革开放以来,对我国教学实践界影响最大的可算是目标分类理论,其原因恐怕也在可操作性强以及效果的可测量性,符合盛极一时的教育研究科学化的潮流。尽管教育理论界还介绍、翻译了不少关于教学理论和教学模式的著作,然而其影响大多还停留在书本上或讲座中。②

### (三)后现代教学过程观

约从 20 世纪 90 年代下半叶起,随着国内课程改革发展的需要,我国课程与教学理论界又掀起了一次翻译、介绍和研究国外相关理论的高潮,其关注点集中到可以后现代主义为总称的诸多教学理论流派。③ 后现代主义从不同的角度,对传统的知识观、学习观、师生关系观和教学观进行了批判和解构。他们主张把学生的学习过程看作是学生向学习文本批判、质疑和重

---

① 赵祥麟,王承绪.杜威教育论著选〔C〕.上海:华东师范大学出版社,1981;约翰·杜威.民主主义与教育〔M〕.北京:人民教育出版社,1990.

② 较集中地介绍西方教学论模式的译作、著作有:B.乔伊斯,等.教学模式〔M〕.北京:中国轻工业出版社,2002;高文.现代教学的模式化研究〔C〕.济南:山东教育出版社,1998.

③ 较集中地反映后现代课程与教学观的有:小威廉姆·E.多尔.后现代课程观〔M〕.北京:教育科学出版社,2000;石中英.知识转型与教育改革〔M〕.北京:教育科学出版社,2001;对后现代知识观问题做了较集中和系统的研究。有关后现代哲学、社会学理论的著作很多,在此不一一列举。

新发现的过程,是学生整个身心投入学习活动,去经历和体验知识形成的过程,也是身心多方面需要的实现和发展过程,否定了科学知识的绝对权威性和客观真理性,反对以记忆、强化为中心的行为主义学习理论和只关注认知、智力因素的学习理论。不同于之前的严格控制式的师生关系和几乎模式化的教学过程,他们提倡师生平等,并主张在具体情境中通过实践与对话动态推进教学过程。

比起现代教学论,后现代教学论对传统教学观上的批判,更为坚决、彻底和深入。就其哲学和心理学基础来看,后现代教学论对现代教学论的超越主要是在方法论和元认知的层面上的超越。他们批判简单还原、二元对立和基于分析思维和逻辑建构的方法论;批判以追求终极真理为目标的认识过程论;他们猛烈地并从多侧面、多层次地攻击了现代教学论作为前提性认识基石的知识观,从而使整个"大厦"出现倾倒之势。但是,后现代观所普遍存有的过度批判、怀疑、解构以及对不确定性、偶然性等方面的过度推崇,在给人巨大震动和兴奋的同时,也让人感到其存在着偏激和否定性弥漫化的问题,而且还使其自身也缺失了存在的根基,削弱了对现实教育世界变革的作用力度和可能性。就我国目前状态看,一些课程改革的先行学校,相当多的是把这些观点体现在新创设的"研究性"课程和"综合实践"课程的教学中,而学科课程的教学还是采取较稳妥的传统方法,以确保改革背景下的升学率"万无一失"。①

各种教学观不断发展,但归根到底正如叶澜教授所讲,涉及如何认识教学过程的特殊性。第一,如何认识教学过程不可取代的基本任务?第二,如何认识教学过程中不可缺失的基本元素及其内在关系结构?第三,如何认识教学过程展开、进行的独特内在逻辑?而对此,叶澜教授有其精辟而独到的见解:第一、教学过程使学生努力学会不断地、从不同方面丰富自己的经验世界,充分发挥人类创造的文化、科学对学生"主动、健康发展"的教育价值。第二,教师、学生、教学内容是课堂教学不可缺失的 3 个基本元素,教师是课堂教学过程中呈现出信息的"重组者",学生是教学"资源"的重要构成和生成者。教师应当把学生当作课堂教学

---

① 叶澜.重建课堂教学过程观——"新基础教育"课堂教学改革的理论与实践探究之二[J].教育研究,2002(10):24-30,50.

的共同创造者,更多地把精力放在研究学生、倾听学生、发现学生上。第三,教学过程中师生的内在关系则是教学过程创造主体之间的交往(对话、合作、沟通)关系,这种关系在教学过程的动态生成中得以展开和实现。①

## 二、育才的教学过程实践探析:六步教学法

### (一)六步教学法概述

六步教学法分为"三次备课、分层授课、全批全改、个别辅导、阶段测试、分析调整"6 个步骤。这 6 个步骤即彼此独立,又相互统一,共同组成了一个完整的教学闭环。

1.三次备课

苏霍姆林斯基《给教师的建议》一书有这样一个例子:一位有着 30 多年教龄的历史教师上了一节公开课,受到普遍好评。当这位老师的同行问他花了多少时间备这节课时,他是这样回答的:"对这节课,我准备了一辈子。而且,总的来说,对每一节课,我都是用终生的时间来备课的。"②这个例子告诉我们,备课的内涵是很宽广的。当科技发展到教师收集到的材料,学生也可以毫不费力地获取时,教师要做的,就应是成整理,整合,提升。

育才中学的三次备课也正是教师对于教学内容的不断整理,整合,提升。"手写＋详案"是育才教师的备课要求。强调"手写"是因为书写能让思维更深刻,语言更准确,课堂更严谨,教学更有效。"详案"的要点包括授课时间、授课内容、课时安排、教学目标、教学重点、教学难点、教学内容、教师活动、学生活动、设计意图、板书设计、作业设计、教后反思等内容。三次备课,精雕细琢。第一轮提前备课,吃透教材;第二轮集体备课,切磋教法;第三轮课后反思,三省吾身。为上好一堂课,育才教师会在备课上花时间。比

---

① 叶澜.重建课堂教学过程观——"新基础教育"课堂教学改革的理论与实践探究之二[J].教育研究,2002(10):24-30.

② 钱梦龙.导读的艺术[M].北京:人民教育出版社,2000:119-124.

如有教师在刚参加工作时，每天花在备课上的时间最多时有 5 小时。正所谓"佳课非偶得，功夫在课外"。三次备课是基本流程，但是每个备课组需进行创新，如图 5.1 所示。

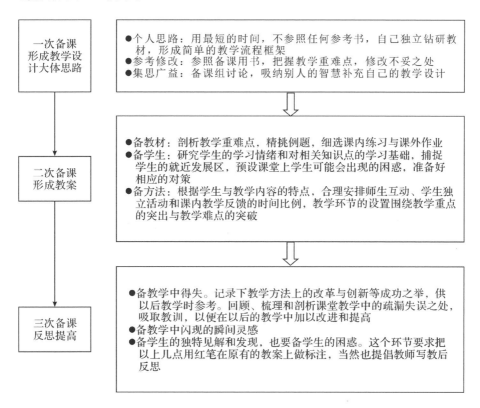

| 一次备课<br>形成教学设计大体思路 | ●个人思路：用最短的时间，不参照任何参考书，自己独立钻研教材，形成简单的教学流程框架<br>●参考修改：参照备课用书，把握教学重难点，修改不妥之处<br>●集思广益：备课组讨论，吸纳别人的智慧补充自己的教学设计 |

| 二次备课<br>形成教案 | ●备教材：剖析教学重难点，精挑例题，细选课内练习与课外作业<br>●备学生：研究学生的学习情绪和对相关知识点的学习基础，捕捉学生的就近发展区，预设课堂上学生可能会出现的困惑，准备好相应的对策<br>●备方法：根据学生与教学内容的特点，合理安排师生互动、学生独立活动和课内教学反馈的时间比例，教学环节的设置围绕教学重点的突出与教学难点的突破 |

| 三次备课<br>反思提高 | ●备教学中得失。记录下教学方法上的改革与创新等成功之举，供以后教学时参考。回顾、梳理和剖析课堂教学中的疏漏失误之处，吸取教训，以便在以后的教学中加以改进和提高<br>●备教学中闪现的瞬间灵感<br>●备学生的独特见解和发现，也要备学生的困惑。这个环节要求把以上几点用红笔在原有的教案上做标注，当然也提倡教师写教后反思 |

图 5.1　育才中学三次备课的过程示意

督导处会对教师备课情况进行检查，基本每月都会进行检查，"三次备课"的检查包括下列的 9 个子项目，总分 20 分；"简评"填写要求及分值权重如下："教学计划"填写"是否规范"，2 分；"课题时间"填写"是否明确"，1 分；"课时备课"填写"是否清晰"，2 分；"目标重难点"填写"是否突出"，2 分；"三次备课"填写"是否完整"，3 分；"教学过程"填写"是否达标"，4 分；"教后反思"填写"是否达标"，2 分；"教案数量"填写相应的教案个数，3 分；"提前备课"填写相应的教案个数，1 分。

### 2.分层授课

现在的学生承受着来自社会、学校、家庭等多方面的压力,部分学生出现厌学、懒学现象。[①] 之所以这样,一方面正如专家分析的那样,现代城市孩子的"性格矛盾性"导致了他们的厌学情绪,即学生在家里娇弱的性格与在外面成人化性格形成了冲突,导致了部分孩子无所适从,产生逃避情绪[②];另一方面,也和教材偏难,教师对学生要求整齐划一,普遍较高,而有的教师又没有运用科学的方法激发学生的学习兴趣,调动他们的学习热情有关,使一些学生不同程度地产生了"无力感"。因此,教师对待学生,应把他们看作是有差异、有个性的主体,不能千篇一律地使用同一个标准。

育才为每一位新生都建立了学情档案,针对学生特长分层授课、因材施教,让优秀的孩子更优秀。育才创意工坊内,3D打印机、数控小机床,各种工具设备琳琅满目。学生可以自己动手完成他们感兴趣的项目,比如可以研究"水下机器人""智能飞行器"等等,从过程中学习各种学科和跨学科知识。为各类特长生设立导师制,开展项目式学习,给学生更多探索发现的机会,更多自主学习和提升的空间。

分层授课是教师"六步教学法"教学流程的课堂特色。教师主要通过授课分层和作业分层,来保证各个层次的学生都能够学有所得。对于课堂总体目标而言,首先是讲易混、易错、易漏的问题,其次是讲学生想不到的问题,讲归类提升的问题;不讲学生已经会了的问题,不讲学生自己就能学会的问题,不讲教师讲了学生也不会的问题。[③] 在授课分层方面,课堂讨论深入浅出,相同的教学内容,教学要求却不同。比如对同一个题目的分析,对基础差的同学(每班3~5人)要求能听懂;对中等偏下的同学(每班10人左右)要求能模仿做相同类型的变式练习;对中等及偏上的同学(每班30人左右)要求能够举一反三或做到一题多解或多题一解;对特优生(每班5~10人)要求能够超前学习和自主提高,上课不要求完全跟着班级授课的节奏。课内练习设置有梯度,不同层次的同学达到不同程度的训练量与不同程度的训练难度。在作业分层方面,以复习阶段为例,基础差的同学只做《教学

---

① 毛景焕.当代中西教学模式比较分析[J].教育研究与实验,2000(1):12-15.
② 雷业勤.论语文教学的时代转型[J].教研天地,2006(6):23-26.
③ 李志刚,吴越.活力课堂[M].上海:上海教育出版社,2003:22-26.

指南》;中等偏下的同学只做自编学案,其中压轴题最难一问不做要求;中等及偏上的同学做《教与学》及自编学案。

### 3. 全批全改

育才的作业力求"少而精",严格控制作业量。有布置就有批改,有批改就有评价,有评价就有反馈,有反馈就有调整。"晚 10 点后不做作业",在育才早已不是倡议而是一项实行多年的举措,并且从 2017 学年开始,学校开展了周三全员"无作业日"活动,其他各项活动愈加丰富多彩。集团督导处每个学期都要对全体学生进行作业量的无记名调查,对违反作业布置原则的老师进行诫勉谈话,督促其改进。

一是中等及偏上的同学的作业尽可能多地进行面批,一方面是尽可能真实地从学生的作业中反馈教学中存在的问题,以便及时做出调整;另一方面是抓住第一时间对学生存在的错误进行纠正。比如《教与学》基本上采用面批的方式来完成批改。

二是日常教学中学生上交的作业全批全改,批改中不但记录学生作业存在的典型问题,对这些问题进行有效的诊断和科学的分析,寻求解决问题的办法,也记录学生作业中创造性地解题的范例,及时地表扬与鼓励,激发学生对待作业的热情。

三是作业订正采用教师面批与学生互查相结合,对不自觉的同学采用面批,其他同学则在互查后上交由教师再抽查。发给学生的讲义则一定会有第二次收缴。

四是假期作业以"检查作业态度,校对答案,督促订正,信息反馈给家长"的形式为主。

### 4. 个别辅导

个别辅导是"六步教学法"的提升法则。个别辅导以尊重个性、兼顾差异,重视规范、养成习惯,正视不足、鼓励为主,见缝插针、务求实效为原则,主要是定时间、定地点、定目标,针对性地开展辅导工作。"坐班面批"是育才的传统,每个班级至少要定 15 名学生的面批名单,利用晚自习、午自习时间进行面批,个别辅导。做到"定时、定人、定点",面批名单根据实际情况不断进行调整。老师们把更多的时间花在了学习习惯不好、学习能力相对较弱的孩子身上,使成绩相对落后的学生得到更多的鼓励与帮助。

在辅导对象上,新课阶段以作业或单元测试存在比较大的问题的学生为主,总复习阶段以班主任圈定的名单上的同学和数学学科阶段性退步明显的学生为主。在辅导实践上,一般为中午和下午第四节课。在辅导目标上,新课阶段以达成教学目标为主,总复习阶段以补上学生在各科总分中的短板为主。在辅导方式上,采取个别辅导和小组辅导相结合的形式。

5.阶段测试

只要有学校教育,就绕不开考试的话题。检测的根本目的不是为了排名,而是为了更好地了解、诊断、评估学生的学习状态,情感态度,以帮助学生更好地提高自己。从这个意义上来讲,初中、高中阶段所有的考试,最终都是为了让学生在中考或高考前暴露问题、发现问题,从而为解决问题赢得足够的时间。育才中学讲究"事事画圆"。"日习、周测、月考、期结",分阶段测试,是考试的闭环。每日的作业就是自我检测;每周有周测,对一个单元的学习进行反馈;每月有月考,考后调整三周,因为"形成或改变一个习惯大约需要21天";期中、期末考试对所学知识进行阶段总结。周而复始,循环上升。育才的单元测试和月考试题由备课组成员结合本校学生的特点轮流命题,杜绝利用外来卷。期中期末试卷与复习阶段的模拟试题均由学校统一命制。

6.分析调整

分析调整包括3个维度:一是根据学生的作业反馈及时调整教学计划;二是根据单元测试暴露的主要问题进行备课组讨论,反思单元教学中出现的备课组共性的问题和教师个体的问题,找到解决问题的方法;三是月考以上的试题,对各班级进行每一道题的失分率的横向比较,找出学生在知识上的漏洞,在学法上的不足,更要找出教师在教学方法和指导学生学法上的漏洞,及时调整教学。

育才的质量管理是以月为单位,从学生、教师、校长3个层面对教学进行监控。学生主要是考后统计得失分率并和班级数据进行比较,写出考后心得。教师按规定项目统计任教班级的各项数据,填写质量分析表,同时由备课组长汇总本学科数据。校长拟好要求教师发言的提纲,一般提前一天发给各课教师。这样的质量管理,环环相扣,无缝衔接,相辅相成。

另外,以期中考试为例,考试结束后,要进行教学质量分析,质量分析分4个层面:从学生、老师个人到班级、备课组层面,从教研组、年级组到校区、集团层面。备课组质量分析会利用智学网大数据精准定位每一位学生、每一小题的失分;班主任牵头的搭班老师会,会整体把脉学生综合学习状态;小型分批家长会,明确告诉孩子与家长该做什么、怎么做;期中质量分析大会有学术顾问、省市教研员高手给予相关意见和建议,推动教师们不断提升自己的教学水平。

总体而言,"三次备课"一方面有利于学生的学,让学生的学习目标明确,分层次提升,真正达到"知、情、意、行"的新课程标准;另一方面有利于老师的点拨、总结、提升,让老师也能够在教中学,做到教学相长。"分层授课"环节,则有利于帮助许多学生转变学习态度,变被动为主动,变"要我学"为"我要学""我想学",从根本上改变学习态度。"全批全改"能及时了解教学中的遗漏问题,个别辅导让教学具有针对性,阶段测试有利于及时的反省,分析调整则让教师在总结中提升。这样的教学流程能够让所有的老师,不管是刚毕业,还是曾经有过教学经验的教师,不管是采用哪种教学模式,都能把这种模式的优点最大化,促使教师快速成长。

### (二)六步教学法的监督和实施

提出六步教学法不是一件很困难的事情,真正困难的是实践、使之落到实处。只有保证每一个步骤都落到实处,才能真正对教学产生影响。

对于三次备课,老师的每次备课都要有记录,都需要详细地写在备课本上,备课本中的备课情况需要学校检查且评估打分。同时,集体备课也是一种集体审查和监督,能够有效遏制某些老师备课敷衍的行为。

对于分层授课,老师在备课中就要有所体现,在作业布置上也要尽量做到因人而异。对于某些学生,老师就要可能对其进行专门的教学和指导。

对于全批全改,因为布置作业后老师需要批改、评价、反馈、调整,就在一定程度上约束了老师随意或者过多布置作业的情况。同时,学校督导处每个学期都要对全体学生进行作业量的无记名调查,对违反作业布置原则的老师进行诫勉谈话,督促其改进。而周三"无作业日",本身就已经成为一项制度。

对于个别辅导,老师需要确定面批名单,定时、定人、定点对一些学生进行面批。同时,为了鼓励学生找老师进行辅导,每位老师办公桌上都有一罐糖果,每一位前来请教的学生都能获得老师奖励的糖果。因此,在教室、办公室,老师身旁总是围满了面批、辅导的学生。

对于阶段测试,是整个学校层面都参与进来的。"日习"老师有分析档案,"周测"学校有数据记录,"月考"是全年级参与,"期结"则全校都很重视且会进行详细的分析、总结。这一套制度很好地保证了阶段测试环节的落实。

对于分析调整,日分析、周调整、月总结,以及班级层面、备课组层面、教研组层、年级组层面、学校层面的质量分析,都形成了一套相对完善的制度化流程,保障了分析调整的有效落实。

由此可见,推动六步教学法有效实施、落到实处的,是育才中学一套完整而有效的落实机制和监督体制。只有真正落实了,六步教学法才能发挥出真正的作用,取得最大的教学效果。

### (三)教师对六步教学法的评价

六步教学法在较大程度上被教师接纳并熟练使用,对于保障教学质量、推进教学稳步进行具有重要的意义。通过对 78 位教师开展问卷调研,本研究认为,育才中学教师总体上对于六步教学法非常认同。如表 5.1 所示,77.2%的教师认为他们对"六步教学法"全过程非常熟悉;77.2%的教师认为他们在教学过程中认真落实"六步教学法";77.2%的教师认为"六步教学法"对教学的帮助很大;同时有 76.0%的教师经常会反思"六步教学法"如何改进;74.7%的教师在课堂教学中突出学生的自主学习。尽管如此,六步教学法在教师中的认同度还有一定的提升空间。调查显示,关于"我对'六步教学法'全过程非常熟悉"的表述,仍旧有 21.5%的教师表示"非常不同意";关于"我在教学过程中认真落实'六步教学法'",也有 21.5%的教师表示"非常不同意";21.6%的教师认为"六步教学法"对教学没有什么帮助或不会反思"六步教学法"的改进;22.8%的教师并没有在课堂教学中突出学生自主学习。

表 5.1 教师对六步教学法的评价(N＝78)

| 选项 | 占比（％） | | | | | 均值 | 标准差 |
| | 非常同意 | 同意 | 一般 | 不同意 | 非常不同意 | | |
| --- | --- | --- | --- | --- | --- | --- | --- |
| 1.我对"六步教学法"全过程非常熟悉 | 74.7 | 2.5 | 1.3 | 0 | 21.5 | 1.91 | 1.650 |
| 2.我在教学过程中认真落实"六步教学法" | 70.9 | 6.3 | 1.3 | 0 | 21.5 | 1.95 | 1.640 |
| 3.我认为"六步教学法"对教学帮助很大 | 72.2 | 5.0 | 1.3 | 5.0 | 16.5 | 1.89 | 1.561 |
| 4.我经常反思"六步教学法"的改进 | 68.4 | 7.6 | 2.4 | 5.1 | 16.5 | 1.94 | 1.555 |
| 5.我在课堂教学中突出学生自主学习 | 67.1 | 7.6 | 2.5 | 8.9 | 13.9 | 1.95 | 1.527 |

为进一步了解教师对六步教学法的评价,本研究通过观察、访谈等多种途径,了解教师对于六步教学法的熟悉程度、落实程度、认可程度、反思思考、认知评价和情感态度。

1.熟悉程度

在熟悉程度上,几乎每一位老师对于六步教学法都非常熟悉,对六步教学法各个步骤的内涵、具体操作有自己的认识和了解。

受访老师除了能精确描述"六步教学法"的过程,而且对实施环节也有自己的见解。如一位受访老师对六步教学法中的阶段测试的阐述非常细致,对"日习、周测、月考、期结"的内涵、具体操作,以及目的进行了详细说明。在育才中学,六步教学法不仅仅是停留在育才中学的学校文件、学校宣传上,而是真正深入一线教师的心里。按照布鲁姆的教育目标分类理论,老师只有记忆、理解了六步教学法,才能在实际操作中更好地运用六步教学法。育才中学的老师对六步教学法的记忆、理解和认识都已经达到了较高的水平,这为六步教学法的运用、实施和落实奠定了基础。

2.落实程度

在落实程度上,每位老师基本上都能够在教学过程中落实六步教学法的各个步骤。在具体落实中,既有学校制度的保障,老师之间相互的支撑和监督,又有教师自己的积极性以及现代信息技术的支撑,这就形成了完备、具有活力且操作性强的执行体系。

例如,有老师指出,每位老师的备课教案是要被检查、验收的,验收之后学校会进行盖章。这是学校对老师的一种监督,也是为老师专业成长负责的一种体现;也有老师说,每位老师的桌子上都有一罐罐糖果,学生来老师办公室问问题、接受老师的个别辅导时,老师都会给他们糖果,甚至有学生直接向老师索要。老师以这样的方式,吸引学生多与老师交流沟通,能够让老师更好地了解学生、发现他们的问题。并且,学校许多老师都开始用智学网进行作业、试卷批改,然后智学网会自动生成分析数据,且数据结果能够精确到学生个人。这样使得老师对学生的了解更加全面客观,且能够根据数据结果进行教学调整。

可以看出,六步教学法的落实有全方位的保障,并且这些保障措施,并没有被老师视为强加给自身的负担,而是被老师视为帮助自己快速成长、实现高效教学、促进学生发展的有效手段。同时,在六步教学法的落实过程中,老师并不是特别死板地按照一个环节一个环节去执行,而是为了实现更好地教学目标、促进学生成长和发展自觉地去运用、执行。为了更好地执行,他们愿意、乐意接受学校的监督指导,也乐意创造各种条件推动每个环节的落实,同时也会利用现代技术帮助自己更好地达成目的。

3.认可程度

六步教学法如果只是靠外部力量强加给老师,那注定是要失败的。只有获得老师真正的认可,让老师从六步教学法中真正获益,才能让老师充满热情且带着创造性去落实六步教学法。在育才中学,大部分老师对六步教学法都是很认可的,认为六步教学法对促进他们的教学很有帮助。

例如,有受访老师指出:

> 六步教学法对我肯定是起着根源性的作用。对于教龄可能不是很长的老师来说,这些东西可以让你的教学工作比较有条理,有章法,至

少你知道哪些东西应该做得很到位,不会找错重点,也就是一种教学质量的保证吧。同时,经常面批嘛,也就跟学生的距离感比较少。你会很清楚地知道他们对什么感兴趣,或者你会知道他们有哪些薄弱点,比如说现在的孩子他可能对一些拓展性的东西感兴趣。这是一个很大的优势。

也有老师认为六步教学法给她的教学提供了一个模仿的对象,一个切实可行的模板,能够帮助她在教学上快速成长。有受访老师甚至将"六步教学法"比喻为"老师的必备武器"。因此,老师们对六步教学法是非常认可的。认可的原因,则在于它的的确确能够给一线教师提供切实可行的指导和帮助,能够让他们对自己的工作进行检查、比对,从而快速提高。

4.反思思考

在反思思考这一点上,育才中学的老师做得很少。他们只是把六步教学法当成了一个使用的工具,而对工具本身的思考较少。例如,有老师说:

> 对于六步教学法的反思和思考,我这个阶段是没有的。因为我才教了一个学期,我感觉我的思想领悟还没这么高。我觉得可能就是教龄比较长的老师,这个六步教学法,可能在他那边已经可能变成了一种自己的方法,可能在这个基础上可能稍有变动,或者说有自己的风格。但是我这个阶段,应该还没有。

一些刚入校的老师则认为六步教学法对教学的各个流程都有叙述,比较完整,符合教育规律,也没有进行反思和思考。

可以看出,六步教学法融入老师的教学日常,老师对于六步教学法基本持肯定态度,认为六步教学法是一件很有效的工具。因而,对六步教学法本身的反思和思考较少,或者说平时基本不会关注到六步教学法本身。

5.认知评价

老师对六步教学法非常认可,认为其对自己的教育教学有很大帮助。但是,对于六步教学法的认知,以及所体现出来的理念,老师们考虑得也比较少,或者说都是比较感性的认知,没有上升到一个比较统一的、理性的层次。例如,有老师认为:"六步教学法是经验总结的结晶。"这一认知非常具有代表性,这个认知是对的,但是它是直觉性的、感性的认知,并没有继续深入下去。对于六步教学法所体现的理念,绝大多数老师从来没有思考过,也没有答案。能够给出答案的老师,同样也是按照自己的个人理解和经验进行回答,如有老师认为其体现的理念是严谨和以学生为本。这样的思考和回答是具有进步意义的,但是还是不够完整、系统和具有说服力。也就是说,老师们对六步教学法的评价依旧处在实践、应用层次,而没有从更高的角度思考和看待六步教学法。认知评价是一项比记忆、理解、运用更高一级的目标,要求更高的思维能力。因此,在没有经过专门训练或者刻意思考的前提下,老师一般是不太会主动去探讨的。但是,认知评价又是非常重要的,决定了我们看待六步教学法的视野和认知高度。

### 6.情感态度

老师对六步教学法的怀有一种实用主义的态度,在情感上是接受而且是比较积极地实施六步教学法的。几乎所有的老师都表示,在一个不要求必须执行六步教学法的教学环境中,他们依然会继续坚持六步教学法。例如有受访老师说:

> 即使在不要求六步教学法的环境中,我觉得我也肯定是会继续坚持的。首先,它的三次备课对我这个新老师的进步有很大益处。然后分层授课,全批全改,个别辅导,面批等等,我觉得它对学生的益处也是非常大的。只要是能够对学生有帮助,对老师有提高,我都会坚持下去。

可以看出,在教学第一线的老师,都是比较实在的。老师们在教学上都是实用主义者,只要觉得某种方法对教学、对学生是有帮助的,就会很乐意去践行,并持积极肯定的情感态度。

## 三、育才的教学创新：适合的才是最好的

育才中学在保留与传承已有的教学经验和精髓的基础上,不断加以创新改进不足之处,最终浓缩为独具特色的育才教学模式,并以此作为其核心竞争力,实现学校的持续发展。适合的才是最好的,教学面对的是一个个富有个性的,具有独特经验与体验的学生,学校教学的结果不应该是使学生"知识越来越富裕,个性越来越泯灭"。育才中学在理念上、教学技术手段和

教学方法上不断创新,尊重学生身心发展规律,细心、耐心指导,挖掘学生的潜能;尊重学生的独特性,同时也将学生视为一种教育资源进行开发和利用;尊重学生的选择,倾听他们的心声,给予学生最适合的教育。

**(一)理念与思维的创新**

创新理念会推动学校不断向前发展。首先,育才中学强调热爱和敬业,强调有了对教育要有深深的热爱,才会迸发源源不断的激情,热爱是一切教育活动的根源。校长认为:"爱教育,然后踏实认真,一定会成为优秀的教师和校长。如果没有对学校、对教育深深的热爱,对这个工作不充满激情,那早就倦怠了。我们要通过工作的执着、热爱,以及本身的综合素质去塑造一代生命的成长。"其次,他也指出了使命、担当与职业自豪感,关于使命感,校长曾指出"教育是比核武器还厉害的武器,中华民族的真正崛起就在我们的课堂上"。关于担当,要让学生碰到好老师成为第一概率的事件,每个老师都应成为中小学学生的贵人,这个国家才有希望"。关于职业自豪感,他指出:"我觉得教育这个工作太伟大了,它不可逆,我们要用我们的综合素质塑造一代生命恶成长。"而校长对于教育职业的看法方面,提出教师工作一方面周而复始,看起来非常寂寞,但另一方面千变万化,每个孩子都在变化,每天都在变化。要广泛掌握新鲜的东西,通过对工作的执着、热爱,以及本身的综合素质去塑造一代生命的成长。在对中西方教育的看法上,提出西方个性化和个别化做的好,但平均水平低。中国有比较高的平均水平,但无法培养特别优秀和特别有天赋的学生。学生缺乏真正的学习兴趣。在对待中西方文化方面的态度,校长也指出:"我们吸收一下欧美的个性,他们吸收一下我们统一的标准,保底线向中间靠拢,但不能脱离国情,不能脱离自身的文化传统,要有文化自信,热爱自己的文化。"涉及教师观,育才提出"识别码系统",就是每个教师充分体现自己所教学科的特点,有极高的专业水平,从外部的形(办公室布置、穿着打扮、行为方式等)到内部的神皆能体现自身的专业素质。比如语文老师首先要说好中国话,练好中国字,写好中国文,承好中国脉,这就是神;英语老师必须做世界文化的传播者。

1.育人为本和服务至上的理念

校长部晏中认为,"少成若天性,习惯如自然"。从小养成良好的习惯,有利于学生健康成长,为未来发展奠定基础,这也是基础教育义不容辞的责任。在育才,学生习惯培养是扎扎实实的,以行为习惯培养为先导,以学习习惯培养为助力,关注细节,做到习惯成自然。育才希望学生在学校的 3 年,在不断的学习和实践中,能够收获生理、心理、知识、体能、思想和社会责任感的全面成长。学校将行为习惯的培养落实在教育的细节之中,注重培养学生朴实、大方、健康和朝气蓬勃的生活态度。

学校提倡"弯腰精神",在校内见到长者礼貌问好,校内外举止规范。在这样的校园风气下,学生不断地自我完善,养成良好行为习惯,进而形成正直高尚的品质和阳光乐观的个性。良好学习习惯是培养学生学习能力的基础。学校制订了"预习落实、听课认真、作业独立、纠错及时、考试诚实、多想多问"的六项基本学习要求,即"学习基本法"。随着"学习基本法"的落实,学校自然就形成了认真、勤奋、好学的学风。对于基础较弱的学生来说,这是打好学习基础的法宝,而对于基础较好的学生,则是提高学习效率的途径。

在教育的方法方面,学会妥协,抱着宽容的态度,"不要硬逼他,给他留点儿退路,给他改正的机会,多哄着他一点,多鼓励鼓励他"。教师育人的智慧主要是教师要把师生之间的冲突转换成教育机会,比如学生顶嘴,老师要努力揭开学生心结然后激励学生。校长部晏中指出,为学生服务最根本的,是要发自内心地对学生关心和爱护,要通过教职工的一言一行,让学生在欣赏和鼓励中成长。学校对此有明确规定和标准:课堂教学模式突出学生自主学习,开展师生互动,充分调动学生学习的主动性和积极性;一月召开一次学生座谈会,征求学生对学校管理、教学和后勤工作的意见;一月进行一次学生作业总量调查,控制作业量,减轻学生课业负担;布置弹性作业,实行因材施教,免费开展培优补缺;关心学生健康,定期安排体检,学生得病除由医务室及时诊治外,必须第一时间通知家长;坚持实行早点名制度,遇有学生无故没有到校,必须在第一时间与家长取得联系,以防意外;学校准备一定数量的雨具以供学生应急需求,学生在校期间遇到任何困难,都应得到帮助和解决。

为家长服务同样有标准和要求。为提高家长会的效率,除定期召开全体家长会外,还应根据不同内容和需要不定期分批举办家长会;将家长对学校工作提出的意见和建议进行逐条整理,及时用书面形式予以反馈;发挥各年级家长委员会的作用,涉及全体学生的重要事宜须及时通知家委会每一个成员,征求他们的意见;成立家长服务中心,由专职教师负责保持学校与家长的联系,倾听家长对学校工作的意见和建议,反映学生在校学习情况,接受家长咨询;坚持家访制度,班主任每年至少对每一个学生家访一次,提倡任课教师酌情家访;每学期结束,以《告家长书》的形式向家长报告学校工作简况和表达对家长支持的谢意,每逢新年还要以贺卡的形式给每一位学生和家长送去节日问候,每份贺卡都有校长、班主任和每一位任课老师的亲笔签名;学校任何成员不得以任何理由接受家长馈赠、宴请或委托家长办私事;任课老师不得为本校学生做有偿家教。①

2.群策群力和因材施教的理念

郜晏中校长认为,创建品牌学校,不仅要靠日复一日、年复一年的实干与苦干,还要有对教育和教学规律的不断探索与实践。

在课程设置上,学校开设了精彩纷呈独具特色的校本课程,并允许教师根据需要开设可调课时的"长短课"。育才提出,家长的观念才是孩子的起跑线。为有效利用家长资源,打破书本知识的局限,学校还设立了"育才客座教授"制度,以最大限度地丰富学生的知识结构,挖掘学生兴趣、提高知识应用能力、增强自信、增进表达和沟通。学校根据教育和教学过程中普遍存在的问题,确定科研课题,组织专门力量开展调研活动,取得一定成果后再逐步推广。学校教研组长是学科教学质量的第一责任人,也是学科教学研究的带头人,他们会随时根据学科教学的动向和出现的问题,组织教师及时研究,找出对策。重大课题则列入学校科研计划,群策群力攻关。

在制度措施方面,将合格率摆在比较重要的位置。具体措施则是上课多给学生机会提问,对知识薄弱些的同学进行面批,辅导,在薄弱学生身上花的时间普遍比优秀学生多,然后在设置各种评奖的时候照顾到各类同学。对于学习能力较强的学生,育才中学推出了"解放优秀生计划",让学生有自主选择的权利,可以减免作业,可以走班听课,甚至可以走年级听课,具体包

① 杭州育才中学成功的秘诀:样样落实,天天坚持_中小学校长之家_新浪博客[EB/OL]. http://blog. sina. com. cn/s/blog_4fb3673a0102uwh0. html,2014-07-09/2018-03-19.

括:面向全年级学生,各科适当加快进度,提高每堂课的密度;面向全班学生,坚决实施分层分组的差异教学;面向班内大部分学生,每节课保证 10～15 分钟时间,让其自主安排(围绕本节课内容);面向班内一部分学生,减免其作业;面向班内少部分学生,允许其走班听课;面向班内最优秀学生,允许其走年级听课等等①。除此之外,为进一步引导和帮助学生完善智能结构,全面成人成才,学校还创立了"育才文凭"课程。课程中除了基本的学分评价外,每个学生还可以根据自己的喜好,选择一个综合性研究课题,并完成成果展示。

### (二)技术手段的创新

学校把更多的信息技术融入传统课堂,新的课堂模式让课堂资源大大增加,学生遇到问题后,完全可以通过网络搜索到他所需要的信息,学生的视野将会被无限放宽,而这些能力必将成为现代学生的重要特质。新的技术在最优化的课堂教学模式中大大提高师生们教与学的效率。

育才中学一直在不断探索,用最前沿的教学思想,将传统与现代教学手段相结合,使教师充分展现个人教学魅力,学生能够学到更多知识。在平时课堂中,利用同屏技术,使得课堂生动形象,提高学生学习效率。另外,在好课邀请赛上,教师在最先进化的课堂内上课,做到使用 iPad 上课,现场做到充分互动,课堂实时拍摄,能做到及时反馈。

育才考试采用了网络阅卷,每次考试的数据,都能更快更好地得以分析。而这些数据一方面能够使得教师更有针对性地调整教学,很好地做到将现代网络技术与教学相关活动结合在一起,有效地提高了教学效率;另一方面,使得学生能够获取到自己的个性化作业,可以专门做针对自己错题知识点的相关练习题。

### (三)教学方法的创新

学校与教师无法掌控教学质量形成过程中的不可控因素,例如中高考政策、班级授课、课程标准,但教学质量的要素配置,如生源、师资、管理、设

---

① 郜晏中.六维管理和解放优秀生计划[J].浙江教育科学,2008(1):7-9.

备、文化,这五项组合足以体现学校的办学水平。同时,教与学流程的控制同样考验学校领导和教师的管理水平。绝大多数教师能够把现代信息技术与传统课堂紧密结合,与时俱进,推进课改,选择更高效、绿色的教学方式,让学生学得更轻松,让教师教得更有效。

采用多样化的教学方法,是为了让学生爱上学校,在整个设计学校生活中,让学生爱上学校的活动,喜欢上学校的伙伴,喜欢上学校的社团,最后喜欢上学校的老师。"我们要善于发现学生的兴奋点,不要让他一成不变,整个育才营造的氛围就是,中考就是路过而已。这个就需要通过我们的教育智慧的功力。"课堂实用的教学方法其实在跟孩子注意力的分散博弈,教学方法的使用是为了吸引孩子们注意力更好地放在学习上。教师在与分散的注意力拔河。也就是说,课堂的教学过程应该是吸引学生注意力的过程,教学方法的实施是推动学生更好学习的手段。

育才中学一直在不断地学习尝试引进新的教学方法与特色课程,如脑靶向教学法、游戏教学、探索无边界课程等等。比如在 2017 年要举办好课邀请赛时,赛事总体要求为:在展示最先进的教学理念,突出和技术的深度结合,有鲜明的个人特色、风格的基础上,大胆实践脑靶向教学等最前沿教学法,探索无边界课程,培养学生成长型思维,努力寻找育才课堂教学增量的 0.01 秒。脑靶向教学法,以干扰、抑制和转化影响学生学习欲望和学习质量的消极因素为靶点,通过细化学习时间分配、优化学习内容配置和系统化学习效果测评等方法,凭借任务导向模式引导学生建立自主学习的体系和养成持续学习的习惯,从而达到提升人才培养质量的目的。由于课堂教学内容和课外自主学习内容细化,学生必须完成规定的学习任务和训练项目,学习目的性大大增强。育才的课堂,教师尽可能地做到让学生在乐趣中探索学习新知识,摒除消极厌学的思想,这在一定程度上也正是对脑靶向教学法很好的实践。探索建设无边界课程,其特点是基于学科,但不囿于学科;而育才中学旨在通过各种方式跨越学科的边界,寻求不同文化、领域、学段、学科的融合,追求做到让课程与生活密切结合,努力激发学生创新思维的火花。

育才中学在日常的教学活动中也有许多创新之处,如有师徒结对的活动,师徒结队不仅仅是教学经验的传递,更是育才文化的传承。在时间管理方面,育才的教师已习惯利用《时间管理手册》提前安排一周事务。大考前两周,教师和学生会为自己量身制定《考前时间管理表》,合理安排复习内容,科学规划复习时间。(考前时间管理表,是彰显教师和学生智慧的,具有显著的本班特性或者本组,甚至是本人特性的。但是有一个要素,是每一份管理表中必不可少的,那就是"就寝时间",每一位老师在考前,都尤其关注孩子休息时间是否充分,十点是一条红线。这点也是家长最认同的。)育才中学的师生体验日,是原先"学生体验日"的升级版。其旨在通过师生角色的互换,促进师生情感交流。教师通过当一天学生,开始从新的角度审视自己的教学。有教师在第一次参加学生体验日活动后,做报告的第一句话是:做一个"差生"真难受。在后来的教学中,教师们就会更关注课堂里相对弱势的那些学生,设置有梯度的问题,对难得举手的学生予以肯定,课后的个别辅导时间多向这些同学倾斜,确保课程教学不留死角。而学生当一天的老师,则让学生体验了备课、批改、班级事务处理等各种教师幕后的工作,参与体验的学生会发现教师的工作并不像看起来那么轻松;课堂上看似水到渠成的精彩背后,原来是课前深思熟虑、反复推敲的结果。教师体验日让学生与教师关系更为紧密。师生的互换体验,使教师和学生有了更平等多维的视角。在育才,有这样的一种共识:看一个人的修养品位,不是看他在忙碌的工作状态下的表现,而是看他在空下来的时候在干什么。基于这样的一种观念,育才推出了"学术沙龙活动",由老师们自定主题,自选时间、地点,自愿报名,学校出资,为老师们提供更高更广阔也更精致的交流平台。所有的这些都是在为教师的教学活动服务,学生与教师建立更亲密的关系,学生培养了学习的兴趣,才能更好地进行教学活动,在各方面不断取得发展和进步。

### (四)教师对新教学方式实施情况的评价

问卷调查显示(见表5.2),育才中学教师总体上对于新教学方法和新技术使用较为认同。77.3%的教师认为育才中学激励教师使用新教学方法和新技术;76.0%的教师认为育才中学为新教学方法的应用和普及提供了良好的平台;74.7%的教师认为新技术和新方法对课堂教学效果作用明显;74.7%的教师认为育才中学的教学对抗赛对他们教学能力提升有很大帮助;74.7%的教师对育才中学的教学感到满意。尽管如此,仍有15.2%的教师表示对上述5个指标"非常不同意",表明在教学方法改进和新技术使用方面还有一定的改进空间。

表 5.2 教师对新教学方式实施情况的评价(N＝78)

| 选题 | 占比(%) | | | | | 均值 | 标准差 |
|---|---|---|---|---|---|---|---|
| | 非常同意 | 同意 | 一般 | 不同意 | 非常不同意 | | |
| 1.育才中学激励教师使用新教学方法和新技术。 | 68.4 | 8.9 | 5.0 | 2.5 | 15.2 | 1.87 | 1.448 |
| 2.育才中学为新教学方法的应用和普及提供了良好的平台。 | 67.1 | 8.9 | 6.3 | 2.5 | 15.2 | 1.90 | 1.490 |
| 3.新技术和新方法对课堂教学效果作用明显。 | 65.8 | 8.9 | 7.6 | 2.5 | 15.2 | 1.92 | 1.492 |
| 4.育才中学的教学对抗赛对我教学能力提升有很大帮助。 | 68.4 | 6.3 | 7.6 | 2.5 | 15.2 | 1.90 | 1.499 |
| 5.我对育才中学的教学感到满意。 | 67.1 | 7.6 | 5.0 | 5.1 | 15.2 | 1.94 | 1.522 |

1.认知评价

从总体上看,教师对学校的新教学方法较为熟悉。例如,有位受访老师能清晰表达无边界课程的具体运用形式:

> 无边界课程,说得通俗一点,就是几门课可以糅合在一起上。一堂课它不仅仅是局限于一位老师,可以多个老师一起上。比如说我上一节地理课,其中讲到一个民族风情的(知识),我就可以请一个美术老师或者音乐老师做个工艺品或唱一段歌。就是不同的学科穿插着上课的意思,这就叫无边界课程。这样就是形式更多样,提高学生上课的兴趣。无边界课程也是我们正在慢慢尝试的一种新的教学方式。

老师对新的教学方法也非常欢迎,认为这些教育理念的提出、教学手段的运用,对教学效率的提高、学生的成长是有帮助的。同时,认为新教学方法的推广和运用是未来教育教学的大势所趋，这是以学生为本的理念的体现。

例如，有老师说：

> 新教学方法，说到底就是采用各种手段，提高教学效率，培养学生的深度思考能力和高阶思维。

也有老师认为：

> 未来肯定是越来越重视思维，重视方法，重视创新。这就要求我们要着重培训学生的能力。新教学方法就是基于培训学生的能力、促进学生发展的。比如，无边界课程，就是培养学生的综合能力，让学生能够全面发展，成为综合性的人才。

可以看出，老师对新教学方法是非常认可的，而且认为新教学方法是面向学生未来的，代表着教育发展的未来的大趋势。其他老师基本上也持此观点。由此可知，育才中学的老师对新教学方法是有自己的理解和思考的。他们从学生发展、社会变化、教育趋势等角度出发，取得了对新教学方法较高水平的认知，同时全面肯定了新教学方法在教育教学中的运用。

2. 情感态度

老师对新教学方法怀有一种实用主义、以学生为本的态度，在情感上是比较接受新教学方法的。同时，对新教学方法的运用和实践都持认可或者赞许的态度。有老师指出：

> 新教学方法更侧重于对学生综合能力的培养，能打破学生的固定思维，让学生可以从不同的角度去看待问题，是非常好的。

可以看出，老师在考虑新教学方法的实施和运用时，基本上都是从学生的成长和发展出发的。在老师们的认知体系中，新教学方法对学生的学习和成长是很有帮助的，而一切对学生的学习和成长有帮助的方法都值得去尝试和推行。因此，老师对新教学方法的情感和态度也是肯定和支持的。并且，有老师表示，在时机恰当、准备充分的时候，自己会在课堂上尝试运用新教学方法进行教学。

我国在推进基础教育教学改革的过程中面临很多困惑。尤其在面临全球化挑战的背景下，看似理所当然地"以儿童为中心""建构主义"课堂教学理念的阐述,都以过快、过度、过于直接的解释代替了对我国课堂教学历史的深入考察和细致分析,从而无视或遮蔽了内在的丰富内涵。[①] 育才中学从自身学校的文化本源出发,对教学的传统进行深入挖掘和分析,既强调知识的系统化学习,同时以一种非常自然的方式突出学生在学习过程中的主体性,探索出育才特色的,且具有成效的教学方式。

总体而言,育才的教学质量足以说明,其教学实践是适合学生的。但是育才的督导处也发现了一些教学中仍存在的问题,比如部分老师的教学观念比较陈旧,教学方法比较传统。课堂上老师还是喜欢自己讲,还是满堂灌;只重视知识的传授,忽视能力、情感、态度、价值观的培养;课堂气氛比较闷,难以看到学生自主、合作、探究的学习行为,学生似乎只是知识的接受者,不是学习的主人。归结起来是:育才的部分教师的教学决策较多地还是以知识达成为倾向。教师高度关注认知目标的达成,完成知识型教学任务,是教师课堂教学决策的核心,在外因上可能是教师屈从于中考的压力,在内因上,究其根本跟传统教学思想有关。

另外,也有的教师没有处理好手段与目的的关系,唯技术化倾向严重。例如,一节课将近37分钟在讲台上点鼠标,这是非常典型的依赖信息技术的表现,课堂由"人灌"变成了"机灌"。教学活动是师生积极参与、双向互动、共同发展的过程,师生的交流互动是课堂生命力的彰显,过多的"大屏幕"展示严重削弱了课堂的生命力。信息技术的运用,贵在精、在巧而不在多。教师只有处理好教与学的关系,摆正主体与主导的位置,适时、适度、适当地运用信息技术手段,才能收到实效。可以说,如何更好地利用技术、驾驭技术,是信息技术时代教师面临的新课题。这也是育人教师在寻求教学深度变革时需要审慎斟酌的重要问题。

---

① 阙维.中国基础教育课堂教学实践的独特优势何在[J].人民教育,2017(2):19-24.

## 第六章

# 深化拓展:基于核心素养的
# 校本课程开发

　　自 20 世纪六七十年代起,世界范围都兴起了学校重建的浪潮。在这一浪潮中,如何打破学校千校一面的脸孔,构建特色学校,提供更多的教育选择成了众多学校面临的关键议题。大部分的学校都选择构建具有学校特色的课程体系,从课程的革新来推动学校的整体建设。课程,英文为 curriculum,源自古希腊语,意为"跑道"。在"课程即学科""课程即计划""课程即教学目标""课程即研究""课程即经验"等众多理解中,越来越多的教育研究者和实践者更倾向于将课程理解为是学习者的经验,即学习者、教学内容与教学环境之间的交互作用及其结果。因此,学校的特色发展最终落实在学生的课程经验之中。

　　正是秉持这一课程观,育才中学在设计、发展课程的过程中,始终以学生为本位,从学生的学习兴趣、动机和需求出发,关注学生在成长过程中的知识、能力、态度和价值的发展。在学校教育改革中,育才中学始终视课程为学校教育品质的灵魂,非常重视学校的课程建设和实施。除了关注如何"使课程更加有效率和有效果"的课堂层面问题以外,育才中学同样将课程作为推进学校发展的抓手,关注以课程发展推动"学校组织结构性的改革"等问题。① 因为课程不仅仅包括了学校及教师依据学校管理部分颁布的课

　　① Cuban L. A fundamental puzzle of school reform[M]//A. Lierberman. Schools as collaborative cultures. New York:Falmer,1990:71-77.

程标准和方案的课程计划①,也包括了学校环境当中由人事物的互动过程而学习的内容或经验②。

对于育才中学而言,学校的每一次课程改革都是由课程需求与课程供给两侧的张力之下推动而进行的。课程需求侧的压力有来自于宏观层面的社会转型、科技发展和教育变革,也有来自中观层面的学校发展需求和规划,也有来自微观层面的学生、家长、教师对于人才培养的诉求与期待。而课程供给侧则常常囿于传统的教育观念、学习内容和学习方式,亟待革新,从而应对转型的课程需求。在育才中学课程革新的开始,首先就需要来理解其课程所处的情境。

## 一、学校课程的情境

在对育才中学学校课程的理解、设计、改革的过程中,首先需要面对的就是学校所处的时空情境(context)。斯基尔贝克的情境分析模式,学校的课程设计需探讨学校内外两方面的因素,从而了解"课程的问题与需求是什么,如何回应这些问题与需求"(Skilbeck,1984:234)。在育才中学的学校课程整体规划的过程中,首先即是将学校所处的情境进行深入分析,并在斯基尔贝克模式的基础上进一步丰富其分析模型,从外部的宏观情境,到学校的近情境,再到学校内部情境分别需要关注课程改革的潮流、教育政策的革新、学生和家长的诉求以及学校自身发展的愿景。高校课程的情境分析框架如图6.1所示。

### (一)课程改革的潮流

科技的迅猛发展,社会的快速转型,我们的社会正以前所未有的速度发生着变化。英国的知识社会学家Gibbons因此提出:当前的知识生产在新的历史时期具有情境性、跨学科性、弥散性(socially distributed)、公众性等

---

① 黄光雄,蔡清田.核心素养:课程发展与设计新论[M].上海:华东师范大学出版社,2017.

② 黄光雄.课程与教学[M].台北:师大书苑有限公司,1996.

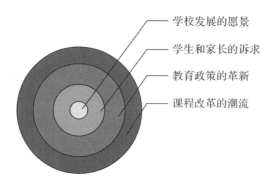

学校发展的愿景

学生和家长的诉求

教育政策的革新

课程改革的潮流

图 6.1　学校课程的情境分析框架示意

特征。[1] 这些新的特征也对与机器大工业生产镶嵌的传统学校教育提出了巨大的挑战："如何让我们的孩子胜任现实和未来的生活？"世界各国在这一迅速变化的过程中，都选择重新审视人才培养的目标、国家课程方案、培养方式等重要问题，并都提出了从传统课程向新时代课程转型的任务。育才中学也把握这一世界范围内课程改革的趋势，以世界各国、国际组织所共同关注的"核心素养"作为学校课程建设的"DNA"。核心素养（key competence），是指学生共同的素养，也是关键的、必要的、重要的素养，是学生个体健全发展，适应生活情境需求不可或缺的知识、能力、态度，从而满足学生本土化与国际化的未来生活需求。[2] 这一概念在教育领域中，并不是一个新的概念。早在 20 世纪 90 年代，联合国教科文组织（UNESCO）、世界经合组织（OECD）、欧盟（EU）以及相当多的发达国家就已经意识到能够促进自我实现和社会健康发展的人才是知识经济时代最为重要的。一个健全的人需要具备在相应时代情境下不可或缺的知识、能力和态度，使他在这个社会群体中获得成功，同时也支持他向这一社会群体贡献力量。这些不可或缺的"可迁移的""通用"的知识、能力和态度，就是"核心素养"的基本内涵。

---

① Gibbons M，Limoges et al. The new production of knowledge：the dynamics of science and research in contemporary societies[M]. London：Sage Publications，1994.

② Organization for Economic and Co-operative Development. Definition and selection of key competencies：executive summary （DeSeCo）. Retrieved April 10，2018[EB/OL]http：//www.oecd.org/pisa/35070367.pdf.

### (二)教育政策的革新

我国课程改革研究者和制定者也在 2013 年逐步研发具有中国特色的核心素养框架。2014 年,教育部颁布了《教育部关于全面深化课程改革落实立德树人根本任务的意见》,提出了构建中国学生发展的核心素养的任务,并以此为依据制定学业质量标准、修订课程方案和课程标准,将其视为新的课程改革中的关键问题。2016 年 9 月,教育部颁布了《中国学生发展核心素养》,明确提出了核心素养的框架与内容,成为全国各个学校开展课程改革的重要指导意见。

同时,2015 年,浙江省教育厅颁布了《浙江省教育厅关于深化义务教育课程改革的指导意见》的文件,提出了全省新一轮课程改革的政策蓝图。其中,最为关键的即是将全省义务阶段中的课程分为了基础性课程和拓展性课程,其中,拓展性课程指"学校提供给学生自主选择的学习内容"(浙江省教育厅,2015),是由学校自主开设的课程。文件中还确定了初中拓展性课程的类别和课时比例,具体要求是初中拓展性课程需要开设学科拓展类、体艺兴趣类和实践劳动类 3 个类别,课时占总课程课时的 20%,为了不增加学生的学习负担,知识拓展类不能超过校本课程的 30%。这一政策文件对浙江省课程改革的深化和发展提供了强大的政策指导。

因此,如何将教育政策层面构建起来的核心素养框架与学校自身的人才培养和课程建设进行结合,将核心素养与课程改革进行对接成为育才中学在学校课程建设的新时期需要解决的重要问题。

### (三)学校发展的愿景

杭州育才中学从 2000 年建校以来,始终践行"让孩子因为我们而幸福,让我们因为育才而幸福"的教育理念,并为成为"中国民办教育的一面旗帜,世界基础的中国样板"这一愿景而努力。创校 19 年以来,学校始终秉持"样样落实,天天坚持"的校训,关注学生的全面发展,深耕学校的品质教学。从 2003 年第一届学生参加中考至今,浙江省一级重点高中上线率始终保持在 70% 左右,也一直是杭州市派位比例最高、最热门、最难进的热点学校之一,办学目标和品质得到了社会各个层面的肯定和认可。在这19 年办学发展中,学校从最开始的一个年级四个班一共 210 名学生起步,办出分校,创办小学,跨区市发展,托管公办学校,创办高中,一步一个脚印,将优质教育资源在纵向学制和横向区域上进行传播和辐射,已经形成一个从小学到高中,从杭州市到长江三角区联动的教育集团,形成学校清晰的发展图景和与时俱进的发展战略。在不断提升学校办学品质的同时,育才中学也在不断形塑育才教育的理念和价值愿景,并随着时代的发展不断深化育人目标以及内涵。在新时期,学校以"坚毅"(grit)为学生的精神品质内核,坚信"坚毅的人更健康,坚毅的人更成功,坚毅的人更快乐,坚毅的人更幸福",以"坚毅"育德,以"坚毅"增智、以"坚毅"健体、以"坚毅"筑美、以"坚毅"促劳。

### (四)学生和家长的诉求

初中是九年义务教育阶段的最后3年,也是小学与高中衔接的一个学习阶段。初中结束时的"中考"被认为是"高考"的预演,具有学生发展的"风向标"的作用。初中的学习也因此在学术上有了很强的竞争性,对学校课程的发展也有了很大的挑战。在实际的课程改革情境中,像育才这样的民办初中面临的往往是更为复杂的环境。大部分育才中学的学生家长来自于企事业单位的管理层、私企业主、大学教授等,通常在文化资本、社会资本方面都比较优越,对教育也非常重视。来自这些家庭的学生和家长,对于学校教育的期待更高,不仅学生希望在3年的初中生涯中可以很好地完成自己的学业,并在中考中表现优异,家长同样对学生的全面发展有着较高的期待,希望学生能在知识、能力、情感、态度等多方面都能得到充分的发展。在对育才家长的随机调查中,持有"我希望初中的学习能给他(她)奠定一生的基础""初中是孩子价值观、学习习惯形成的关键期"等观点的家长是大多数,希望学生在3年的时间中,收获优异的中考分数和奠定个人发展的良好基础是育才家长的共同双重需求。

## 二、基于核心素养的课程

正是因为处于上节所述的复杂的情境之中,育才中学始终在学校发展和课程建设的问题中探索考虑3个问题,即学校课程指向学生的哪些核心素养、如何构建学校课程来指向这些核心素养、如何知道已经实现3个问题,概而括之，即是如何将核心素养的进行"校本化"实施、如何通过"课程化"实现核心素养，以及如何将核心素养的"显形化"3 个问题。

## （一）核心素养的"校本化"

早在 20 世纪 90 年代，美国最大的课程专家专业协会——教学视导和课程研究协会（ASCD）研究和理论组就对指导未来课程编制的学习结果进行了研究，并提出了一组要求所有学生都予以掌握的基本技能：自我概念；理解别人；学习的技能；不断学习的能力；有责任心的社会成员；身体健康和心理健康；创造性；有见识地参与经济领域；运用累积的知识；对付变革。经济合作与发展组织的研究项目认为核心素养包括了互动地使用工具、自主行动和在社会异质团体中互动三大领域。2006 年，欧盟对核心素养的结构进行分析，认为核心素养包括使用母语交流、使用外语交流、数学素养与基本的科学技术素养、数字素养、学会学习、社会与公民素养、主动意识与创业精神、文化自觉意识与文化表达八种。包括美国、英国、澳大利亚在内的很多西方发达国家也从国家层面出台了大量的研究报告与教育政策，不约而同地对学生的核心素养予以界定，并通过国家课程的形式与核心素养进行连接。如美国 2014 最新的研究就将核心素养分为学习与创新，信息、媒体与技术技能，生活与职业技能三大领域，并以此为基础，与各个学科的共同核心标准（common core standard）进行联系。可见，不同国际组织、不同国家对于核心素养的培养都非常重视，并根据本地区文化进行了差异化的内涵界定。但因为本地化文化的差异，对于儿童的培养在核心素养方面都有着地方化、本地化的差异。

同样，以成为"中国民办教育一面旗帜，世界基础教育的中国样板"为目标的中学，育才中学对于学生的核心素养的选择和确定既基于中国国情，也立足于学校的办学身份；既在已有办学的基础之上，又预示着学校未来的发展愿景。在育才中学不断塑造品牌、不断成熟的办学过程中，育才也在不断构建其具有校本化、地方化和特色化的价值理念系统，并使这一价值理念系统符合世界教育改革的潮流变化、教育改革的政策要求、学生和家长对于学生发展的多重复合诉求。如果说，学校的理念系统和课程系统就如同一座房子（见图 6.2），那么学校的理念和愿景就如同房子的屋顶。其下是学校的育人目标，并在时下的课程改革背景中，以核心素养进行诠释，这些都属于学校的理念系统。

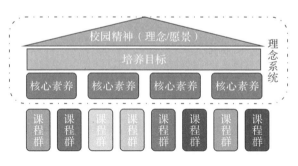

图 6.2　核心素养的校本化示意

　　育才的学校愿景"让孩子因为我们而幸福,让我们因为育才而幸福"诗意地表达了学校的教育理念和教育情怀。同时,学校的办学目标"中国民办教育的一面旗帜,世界基础教育的中国样板"则清晰地指明了学校的独特基因和办学目标。这些学校的理念,都如同房子的屋顶一样,构建了学校的教育追求,同时引领学校的各项工作。在这一"屋顶"之下,则是如同"房梁"一般的学校育人目标,即培养"坚毅"品质、具有"成长性思维"的学生。"坚毅"由美国知名心理学家安吉拉·达克沃斯(Angela Lee Duckworth)解释为:向着长期的目标,保持对目标的激情,即使经历失败,依然能够坚持不懈地努力下去,这种品质就叫做坚毅。它有两个特点,一是持久的热情,二是坚韧。而成长性思维的本质由斯坦福大学心理学教授卡罗尔·德韦克(Carol Dweck)界定为:不断改变,即使遇到挫折、感到沮丧,也会随时做好冒险的准备,直面挑战,不断攻克困难。这一育人目标具体化为六项成长目标:"强健的体魄、广播的学识、顽强的意志、出众的能力、端正的人品、崇高的信念。"育才的育人目标关注促进学生发展的精神和品质内涵,回应了"育才要培养怎样的学生"的问题,构建起"知识—能力—品质和价值"的育人框架理念,体现了初中教育阶段中的核心知识、关键能力和必备品格。而要使这一理念系统能够成为现实,真正落地,则学校的"上层建筑"需要坚固的墙壁和墙基,即学校的课程体系和学生的课程体验。在这一个理念转变为实践的过程中,如何保持理念和实践的一致性和统一性,则需要思考核心素养的"课程化"问题,即如何构建起符合学校教育理念、实现立德树人的课程体系以及如何重构学生的课程学习体验。

### (二)核心素养的"课程化"

结合学校当前的发展方向和战略重点、教育改革的趋势、学生和家长的教育诉求,学校校本化的核心素养需要进一步通过具体的课程、教学、活动、仪式等落实。对于这一问题的思考,首先需要回答的即是学校课程的结构问题,具体包括了两个问题:第一,学校的课程结构是怎样的。第二,学生有怎样的课程体验。

1. 学校课程的结构

(1)课程开发的基础。

早在学校建校初期,学校就根据育人目标,开发并实施了"男篮女舞"等校本课程,并形成了较为成熟的文本。随着课程改革的深入和新的教育变革的趋势,学校又开发了STEAM、"党的教育"等一系列校本课程。通过这样的逐步摸索,学校和教师积累了一定的课程开发、实施与管理的机制和经验。

(2)整体课程结构。

根据2015年《浙江省教育厅关于深化义务教育课程改革的指导意见》①,育才中学的学校课程包括了基础性课程和拓展性课程(见图6.3)。其

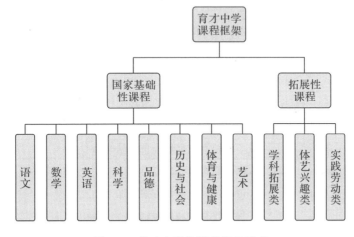

图6.3 育才中学的课程框架示意

---

① 浙江省教育厅.浙江省教育厅关于深化义务教育课程改革的指导意见[EB/OL]. Retrieved April 10,2018. http://www.zjedu.gov.cn/news/142778441751261711. html

中,基础性课程包括了语文、数学、英语、科学、品德、历史与社会、体育与健康、艺术八大学科,是传统意义上的学科课程。这些学科课程通常有教育部颁布的课程标准,有严格的学科学业标准和评价方案。而拓展性课程则是由学校自主开发和实施,为学校的校本课程,包括了学科拓展类、体艺兴趣类和实践劳动类这三大类型。

(3)拓展性课程的结构。

在育才中学,"拓展性课程能带给学生什么"是课程建设过程中一直思考解决的问题。在经合组织(OECD)核心素养的框架基础上,育才中学结合中国国情与本校校情,拓展了核心素养的框架,认为学生需要应该具备与工具互动、与团体互动、与自然互动、与自己互动四大核心素养能力领域,具体体现如表 6.1 所示。

表 6.1　四大核心素养养框架

| 核心素养的层面 | 核心素养的具体内涵 |
| --- | --- |
| 与工具互动 | 1. 运用语言、符号与文本互动的能力 |
| | 2. 运用知识与信息互动的能力 |
| | 3. 与科技互动的能力 |
| 与团体互动 | 1. 建立良好人际关系的能力 |
| | 2. 团队合作的能力 |
| | 3. 道德实践的能力 |
| | 4. 国际理解能力 |
| 与自然互动 | 1. 理解个人和公民的自然责任 |
| | 2. 提出、分析、调查自然环境问题的能力 |
| | 3. 了解和解决自然环境问题的能力 |
| 与自己互动 | 1. 保持健康身心的能力 |
| | 2. 形成及执行生活方案的能力 |
| | 3. 保护权利与利益、限制需求的能力 |

拓展性课程涵盖了人文、数学、科技、体艺、实践五大领域,满足学生个性发展的不同需求,具体包括了人文课程群、数学课程群、科技课程群、体艺课程群、实践课程群五大课程群(见图 6.4)。

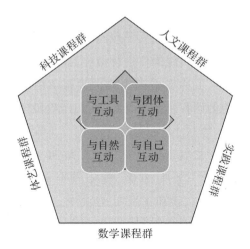

图 6.4　学校拓展性课程结构示意

每个课程群都包括若干相关课程，提供了丰富的课程选择，具体课程群课程如表 6.2 所示。这些课程的选择与开发都由学校根据学校的育人目标、学生的课程需求和学校的课程资源等情况来自主开设。

表 6.2　育才中学拓展性课程群

| 课程群 | 课程 |
| --- | --- |
| 人文课程群 | 包括辩论课程、文学课程昆曲课程、礼仪课程等等 |
| 数学课程群 | 包括趣味数学课程、几何体制作课程等 |
| 科技课程群 | 包括 STEAM 课程、模型类课程等 |
| 体艺课程群 | 包括男篮女舞课程、交响乐课程等 |
| 实践课程群 | 包括毅行课程、心理课程等 |

应该看到，育才中学的拓展性课程（校本）课程在学校整体课程框架中，在一定程度上是国家课程的补充，弥补国家课程的空白之处或不足之处。一个学校校本化、特色化的课程主要体现在校本课程的设置上。而影响课程的主要因素包括社会、学生和学科。在论证一门校本课程存在的必要性时，必然会从这 3 个角度出发来进行综合思考。如育才中学的"男篮女舞"课程设置的主要出发点为"学生"因素，考虑了学生的兴趣需求。又如育才中学的"党在我心中"课程，更多地在"品德"学科课程的基础上，拓展了学习的内容，更好地回应了当今新时代的变化因素，为学生更好地在与社会生活的

结合过程中,认识和理解党的先进性提供了当今社会的新思考。又如STEAM课程,主要回应了"学科"这一因素的需求,将科学、工程学科进行结合,将公式、概念的学习与实践操作进行结合。

如"育才礼仪课程"受启于香港中文大学国学中心主任邓文光教授,构建了从幼儿园到高中的课程体系。其中,幼儿园阶段学习家庭礼仪(如亲属称谓、问安、寝食、出入等);小学低段学习中国二十四节气和学校礼仪(如升降国旗、师生之礼、同学之礼等),认识中国天地四季和宇宙人生观念;小学高段学习社会礼仪(如公共场所、宾客、餐桌、书信礼仪等),理解群体生活的秩序;初中阶段学习书信文牍和正家四礼(冠礼、婚礼、丧礼、祭礼),学习祭祀先祖先贤、英雄烈士,巩固少年人伦人道观念,理解祭祀的含义,树立诚敬精神;高中阶段则学习国家仪典、中国传统天子祭礼(国家制度、军事仪典、外交礼节、祭天、祭孔等)。这一课程基于中国文化背景和社会关系,建构学生身份认同和文化理解。

### 2.学校课程的创新实施

育才课程的校本课程不仅在课程的内容上有所创新,在课程的实施上也突破传统的国家课程的方式,在学生的学习过程中创新学习方式,增加社会性互动、设计真实性情境、引入新技术等元素。

(1)脑科学的应用。学校课程的实施的基础基于对于"大脑是如何学习的"这一问题。学校课程以脑靶向教学(brain-targeted teaching)理论为基础,运用脑科学、神经科学和学习科学的研究结果,激发学生的兴趣,让学习有效且持久地进行。这一理论由约翰·霍普金斯大学教育学院院长马利亚·哈迪曼创立,以科学和艺术为基础,侧重在情绪和认知、注意力与记忆力之间建立起紧密联系。育才课程引入这一课程理念,关注学生的学习体验,在课程实施过程中,创造积极的情感体验,以情感来增强学习效果。同时,课程实施过程中也有赖于良好的物理环境,通过调整照明、声音、气味、物品摆放等方式,增强学生的学习体验。在教学实施过程中,注重整体概念,建立起整体知识结构,便于理解和记忆,同时促进学生对内容、技能和概念的掌握。为了促进深度学习,课程实施过程中也加强学生对知识应用,并对学生实施全程、多样化的学习评价。

(2)社会性互动的增加。建构主义理论认为学习者的学习就是建构起自己的理解，而社会性的互动对学生的学习和知识的建构具有积极的意义。[1] 在育才中学的校本课程的实施过程中，增加了学生合作学习（collaborative learning）的机会。许多拓展性课程采取了以小组为单位的形式进行课程学习，学习小组通常按照"组内多元、组间一致"的原则进行分组，在性别、性格、学业水平上构成4～6人的"跨文化小组"。在课程实施的结构中，也会增加分享、交流的环节，在学生在互动中提升学习效果。

（3）新技术的引入。互联网技术的发展，使育才校本课程在实施过程中突破了传统课堂学习空间，"将面对面的课堂教学与远程教育传播方式结合起来"[2]。在育才中学的校本课程实践中，"线上"加"线下"的混合式学习方式改变了传统课程的实施方式。学生在课堂中通过平板获得教师的知识推送，通过自我学习和小组学习掌握相关知识点，然后在课堂中进行项目学习（project-based learning），使知识应用于解决真实问题，从而使概念的习得和技能的迁移表现显著提高，改变了学习过程中的主体，改变了"先教后学"的结构，改变了学习的情境，给予了学生多元的课程体验。如，在阅读课程中增加"跨媒体阅读"模块，借助互联网技术，提供连续性文本阅读、非连续性文本阅读等多维阅读情境、让学生有意识地运用阅读策略进行深度学习、思考和分享。同时，科学微课的引入，改变了传统课堂的结构，通过小组"先学后教"，提高了课堂的效率，促进了学生用科学的知识、技能解决真实问题，并形成科学的态度与价值，具备科学素养。此外，新媒体的发展，也促使育才中学的校本课程给学生提供了参与到知识生产、分享、传播过程中的机会。面对"数字原住民"的学生群体，校本课程让学生可以用文字、图片、视频、微电影等多媒体的形式呈现学习结果，使学生在新媒体环境中更好地表达和分享自己的思考、学习。

（4）真实性情境的设计。真实性情境是学生在真实生活中所面对的情境（National Research Council，1996）。有意义的学习就在于建立起学习与学生真实生活之间的联系。育才中学的校本课程旨在使学生的学习更加有

---

[1]  Johnsteiner V，Mahn H. Sociocultural approaches to learning and development：a vygotskian framework[J]. Educational Psychologist，1978，31(3-4)：191-206.

[2]  Osguthorpe R T，Graham C R. Blended learning environments：definitions and directions[J]. Quarterly Review of Distance Education，2003，4(3)：227-233.

意义,在学习过程中增加了真实情景的运用,使学习与生活相联系,使课程现场成为"文化的日常实践"(Brown,et al.,1989)。育才的校本课程中,关注课程学习与真实生活的联系,如在"党的教育"课程中,就大量运用了真实生活实例,在真实情境中来构建学生的人生观、世界观和价值观。在 STEAM 课程中,也将"科学"与"生活"相联系,用科学知识和技能解决生活中的问题。

### 3.学生的课程体验

多巴胺(dopamine)是一种神经传导物质,用来帮助细胞传送脉冲的化学物质。这种脑内分泌物和人的情欲、感觉有关,它传递兴奋及开心的信息艾维德·卡尔森(Arvid Carlsson)因为确定多巴胺为脑内信息传递者的角色,于 2000 年获得了诺贝尔医学奖。因此,真正有效愉悦的课程体验意味着学生在课程过程中始终兴奋和开心地沉浸于学习过程中,即获得最优体验(the optimal experience),也称"心流"(flow)。心流是一种最佳的、积极的心理状态,在这种状态下,学生具有强烈的动机,全神贯注于学习这一令其身心愉悦的活动。最佳的课程体验即学生获得心流体验,在心流体验下,学生自律地集中注意力沉浸于学习之中,并全力为学习目标而努力。在这个过程中,学生有即时的反馈,屏蔽周围的干扰,达到忘我的状态,而育才的课程就是以给学生带来心流作为设计和实施的目标。

学生学习心流体验是具有多元路径,且建基于多个学科的学术体验之中。如在体育课程中,有明确的目标,有即时的反馈,具有易学难精的挑战性,同时体育课程也需要强大的自制力,既能控制自己的身体,也能控制自己的意志、注意和精神。在这一个课程中,学生可以获得其他学科无法替代的心流体验。此外,音乐、艺术、阅读等不同课程,读能从感官、思维、工作、人际等获得饱满的心流体验。育才的课程就是希望让学生在各个学科的深度学习中,体验"高挑战、高技能"的学习任务,使其获得学习的心流体验。

### (三)核心素养的"显形化"

核心素养的"显形化"实质上是课程评价的问题。相较于国家课程,育才校本课程在评价方案的设计上更加多元。课程评价主要需要考虑如图 6.5 所示的 5 个问题。

图 6.5　课程评价方案的 5 个问题

第一，在"评价是为了什么"（评价目的）上，育才的校本课程评价更加关注过程性学习，采用形成性评价的方式，为学生、家长提供更加丰富的学习信息，从而促进学生的学习。

第二，在"评价什么"（评价范围）的问题上，以"大概念"的视角进行评价，将传统课程中关注的知识和技能转变为关注学生的核心素养，既包括了知识、能力，也包括了态度、情感，既要关注学生解决今天生活的需要，也要关注学生面对未来生活的需要；既关注学生解决本地化生活的需要，也要关注学生适应国际化生活的需要。

第三，在"用什么评"（评价方式）的问题上，校本课程给予了学生更多呈现学习结果的形式，采用表现性评价进行，如举行辩论赛、运河文化研究小报告等。并借助新媒体技术，发布并分享彼此的学习结果。表现性评价的引入，可以获得传统纸笔测试无法获得的评价信息，对学生的学业水平表现有更加丰富的描述性证据，对纸笔测试无法评价的学习目标进行检查。

第四，在"谁来评价"（评价主体）的问题上，校本课程的评价也引入了自我评价和同伴评价，一方面补充了传统教师评价无法注意到的评价信息；另一方面也将评价作为学习本身，学生参与评价的过程，即是学习的过程。

第五，在"如何使用评价结果"（评价结果的处理）问题上，校本课程的评价结果可以更加全貌地呈现学生发展的多个方面，与国家课程评价结果一起勾勒学生的发展轨迹。

# 三、学校拓展性课程案例

本研究选择了育才校本课程中具有特色的两个案例课程，分别是"男篮女舞"中"男篮"和 STEAM 课程。

## （一）学校课程案例："男篮"课程

"男篮女舞"是育才校本课程中体艺领域中具有良好传统且具有特色

的课程，即育才的男生可以选择"篮球"，女生可以选择"江南舞蹈"作为自己的体育选修课。其中，男生篮球课程聘请了国家级球队的专业球员作为教学教练，针对不同水平进行课程建设，此处选择了八年级作为案例课程。

1. 课程目标

（1）辨认出篮球运动中的违例情况，根据情境做出犯规处罚；

（2）完成移动、运球、传接球、投篮等技术动作；

（3）参与团队合作，运用基础战术进行实战对练；

（4）尊重规则，尊重竞争对手，友好地完成竞争性比赛。

课程的目标既包括了篮球的知识、技能，也包括了篮球课程学习过程中的情感、态度和价值观，即在篮球课程中的关键能力、必备品格和态度价值观，是一个全面且综合的目标。

2. 课程单元

八年级男生篮球课程的各单元内容如表6.3所示。

表6.3　八年级篮球课程课程单元

| | 单元 | 内容 |
|---|---|---|
| 男篮课程 | 单元一　篮球基本知识 | 篮球竞赛的主要规则 |
| | | 篮球竞赛裁判法 |
| | 单元二　移动 | 交叉步 |
| | | 后转身跑 |
| | 单元三　运球 | 运球急停急起 |
| | 单元四　传接球 | 行进间传接球 |
| | | "8"字传接球 |
| | 单元五　投篮 | 五点跳投比赛 |
| | | 三对三比赛 |
| | | 运球急停跳起投篮 |
| | 单元六　基础战术 | 半场人盯人防守 |
| | | 掩护 |
| | | 策应 |
| | | 抢篮板球 |

从表6.3可见,课程单元既关注了男生篮球运动中的基本规则,也对运动中的动作技能进行分解训练,同时也进行了综合战术的运用。这些任务难度上逐步提升,综合性不断增强,并充分注意学习内容与先前学习经验的联系。从单一技能到复合技能,从技术运用到战术演练,6个单元结构的逻辑关系如图6.6所示。

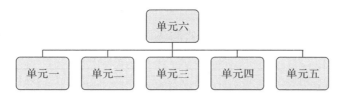

图6.6 男生篮球课程单元的逻辑关系

3.课程评价

在男生篮球课程中,表现性评价(performance-based assessment)是与学科标准(义务教育阶段体育课程学科标准2011版)、课程目标匹配度一致性较高的评价方式。表现性评价指的是基于学生表现的评价,是一种观察学生积极地参与到完成某项任务之中的评价,具体可以包括要求学生在情境中完成一个活动(task),或制作一个作品(work)以证明其所知与所能。表现性评价的设计包括了表现性任务和评分规则的设计。

在八年级男篮课程中,课程设计了两个表现性评价,分别是:

(1)评价任务一:完成组合动作:运球——传、接球——行进间投篮。

①测试者听信号从端线开始运球,运球三次以上,在中线前传球给同伴,同伴站在前场罚球线附近,接球后在适当时机传球给测试者,测试者接球行进间高(低)手投篮。

②每人两次机会,自选投篮手型(低手或高手),遵守篮球裁判规则。

其评分规则如表6.4所示。

表6.4 男生篮球课程评价任务一评分规则

| 等级 | 动作规格 |
| --- | --- |
| 优秀 | 运球、传接球、上篮动作连贯、自然、轻松,投篮准确,动作完成正确,无违例现象 |

续表

| 等级 | 动作规格 |
|------|----------|
| 良好 | 运球、传接球、上篮动作较连贯、轻松,投篮准确,动作完成较正确,无违例现象 |
| 及格 | 运球、传接球、上篮动作不够连贯、轻松,投篮不够准确,动作完成基本正确,有个别违例现象 |
| 不及格 | 运球、传接球、上篮动作紧张,不协调,不能正确完成成套动作,违例现象严重 |

　　(2)评价任务二:综合篮球运动能力:篮球三对三比赛。

　　①比赛方法:学生自由组合成三人一组,分成若干组,小组与小组之间自愿组合进行三对三篮球对抗赛。

　　②比赛规则:比赛时间为 10 分钟,场地为半个篮球场。

　　其评分规则如表 6.5 所示。

**表 6.5　男生篮球课程评价任务二的评分规则**

| 等级 | 评价内容 | | | | |
|------|---------|---|---|---|---|
| | 技能运用(占40%) | 篮球意识与规则运用(占20%) | 参与态度与行为(占10%) | 合作意识(占15%) | 心理素质(占15%) |
| 优秀水平 | 能够基本掌握和运用投篮、传球、运球等基本技术,动作质量好,技术合理,身体完成动作轻松、自然、协调、优美,能积极防守 | 能够积极与同伴进行简单的战术配合,如:传切配合,自觉遵守篮球的部分基本规则,如:两次运球、运球走步等,在比赛中偶尔出现犯规动作 | 在比赛前能够积极参与分组讨论,明确队员职责分工,比赛中表现积极 | 比赛中能积极组织队友,安排战术,主动与队友配合,为队友创造投篮得分的机会 | 表现出较强的自信心,兴奋的情绪和顽强拼搏的意志品质,并能很好地控制自己的情绪 |

| 等级 | 评价内容 | | | | |
|---|---|---|---|---|---|
| | 技能运用(占40%) | 篮球意识与规则运用(占20%) | 参与态度与行为(占10%) | 合作意识(占15%) | 心理素质(占15%) |
| 良好水平 | 能够完成和运用投篮、传球、运球等基本技术,动作质量较好,技术较合理,身体完成动作较轻松、自然、协调。能有意识的防守 | 能够有意识的与同伴进行简单的战术配合,如:传切配合,能有意识的遵守篮球的基本规则,如:两次运球,运球走步等,出现犯规动作较多 | 在比赛前能够比较积极参与分组以及职责分工讨论,在比赛中表现比较积极 | 能有意识的和同伴进行配合,对同伴表现出尊重和关心 | 表现出良好的自信心和争强好胜的竞争精神 |
| 合格水平 | 能够完成和运用投篮、传球、运球等基本技术的部分动作,能够完成动作技术,但完成动作不够轻松、自然、协调。防守不积极,能在同伴的提示下进行防守 | 能够在同伴的指导下进行简单战术的配合,如:传切配合,能指出同伴和对手的犯规动作,如:两次运球,运球走步等 | 能够参加赛前讨论,能接受和承担小组职责分工,能参加比赛,但表现比较被动 | 能够与同伴配合,但不默契 | 对比赛没有表现出好胜的信心和愿望 |
| 不合格水平 | 不能运用投篮、传球、运球等基本技术,不能完成动作技术,不会防守 | 没有战术意识,不能完成战术配合,不了解篮球的基本规则,在比赛中表现出不懂篮球简单基本规则 | 不参加赛前小组讨论,参与比赛的态度不积极 | 不与同伴合作 | 情绪消极,不自信,遇到问题埋怨同伴,表现出急躁或其他不良情绪 |

由这一评分规则可以发现,男篮课程不仅仅关注篮球本身的规则、意识、技能的习得,也关注这一运动过程中的参与与合作,同时也关注课程带来的心理效应。这一评价结果的呈现不仅仅会报告学生对于篮球本身知识、技能的习得情况,同时也会关注学生的努力程度、参与情况、小组合作等学习表现,将总结性评价与形成性评价进行结合,使评价真正促进学习。

### （二）学校课程案例：STEAM 课程

STEAM 课程是一门跨学科的课程，其英文字母即为科学（science）、技术（technology）、工程（engineering）、艺术（arts）、数学（mathematics）学科的缩写结合，为 STEAM。STEAM 课程目前在世界范围内都是具有先锋实验的课程，尤其是将人文、艺术的内涵融入传统的 STEM 教育中，进行学科课程间的整合。TEAM 课程不仅提倡学习这五门学科知识，更重要的是提倡一种新的教学方式——让学生自己动手完成他们感兴趣、和他们生活相关的项目，并在此过程中学习各种学科以及跨学科的知识。STEAM 课程是传统教育理念的转型，它注重学习与现实世界的联系，更注重学习的过程，而不是结果。虽然是中国课程改革领域的新的课程形态，育才中学也在实践中不断尝试和探索 STEAM 课程的中国模式。在面对真实生活中的跨学科问题时，STEAM 课程提供了真实的情境、多样的主题和具体的项目，提供了学生深度学习的机会。

1.课程目标

（1）能用科学原理解释生活中的一些现象和常识；

（2）在动手操作的过程中，制作生活中的小型物件；

（3）运用设计思维，对问题进行创新性地思考，提出替代性的方案；

（4）运用物化能力，解决生活中的具体问题，并尝试制作；

（5）在动手操作、实验的过程中，乐于接受失败，勇于尝试，形成逆商。

课程目标融合了科学、信息技术、通用技术、艺术、数学等多个学科课程标准，既基于义务教育中相关学科的学科标准，同时对接《普通高中课程新方案和学科课程标准》（2017 版）。如普通高中通用技术的学科课程标准就包括了：技术意识、工程思维、创新设计、图样表达和物化能力。育才中学的 STEAM 课程在课程目标方面即关注学生学科核心素养的培养，注重初中高中的学科衔接，给学生未来的学习奠定了重要的基础。

2.课程单元

STEAM 课程单元如表 6.6 所示。

表 6.6 STEAM 课程单元

| 单元 | | 内容 |
| --- | --- | --- |
| STEAM 课程 | 单元一 生活中的创意 | 厨房中的科学 |
| | | 物品巧用方法 |
| | | 净化水的背后 |
| | | 干燥剂中的奥秘 |
| | 单元二 工具的使用 | 6.15 创意课程 |
| | | 123D design 建模 |
| | 单元三 动手制作 | 动手制作肥皂 |
| | | 通往梦想的桥梁 |
| | | 水下机器人的悬浮 |
| | | 设计小夜灯 |
| | | 自制音响和话筒 |
| | 单元四 体会拓展 | 如何延长插花的开放时间 |
| | | 教室里二氧化碳浓度问题探究 |

由表 6.6 可见,课程的第一单元侧重用科学原理来解释生活中的一些常见现象与常识;第二单元则是侧重信息技术工具的操作和运用;第三单元是形成发明创造的创意设计思维,并培养使之物化的能力;第四单元是选择了同学们的真实生活情境中的问题,进行基于问题的学习(problems-based learning),综合理解、分析和解决具体问题。STEAM 课程单元逻辑关系如图 6.7 所示。

图 6.7 STEAM 课程单元的逻辑关系

3.课程评价

这一课程的评价主要以"任务群"的形式进行,采取了多元的评价方式,既有对生活中科学常识的化学公式的分析与解释,也有根据万圣节情境用3D打印机软件设计南瓜灯的活动;既有动手的操作性技能,也有开放式问题的解决;既有理论问题的探讨与争论,也有对照组实验的设计与操作。

# 四、学生课程体验调研结果分析

## (一)问卷样本情况

本研究为了调查育才中学学生课程体验的情况,随机发放了128份问卷,回收128份问卷,即有效问卷为128份。参与问卷调查的八年级学生有54人,九年级学生有74人,男生有82人,女生有46人,具体情况如表6.7所示。

表 6.7　参与问卷调研的学生年级和性别情况

| 项类 | | 频数 | 占比(%) | 占比(%) | 占比(%) |
|---|---|---|---|---|---|
| 年级 | 八年级 | 54 | 42.2 | 42.2 | 42.2 |
| | 九年级 | 74 | 57.8 | 57.8 | 100.0 |
| | 合计 | 128 | 100.0 | 100.0 | |
| 性别 | 男 | 82 | 64.1 | 64.1 | 64.1 |
| | 女 | 46 | 35.9 | 35.9 | 100.0 |
| | 合计 | 128 | 100.0 | 100.0 | |

## (二)课程满意度

对于育才中学学生对学校课程的整体满意度(见图6.8)和校本课程的满意度情况(见图6.9),参与调查的学生整体满意,非常满意的学生超过了80%,非常不满意的学生在7%左右。

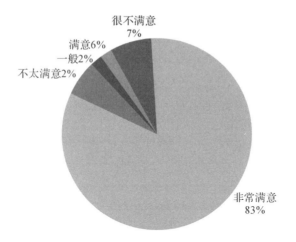

图 6.8　学生对学校课程的整体满意度

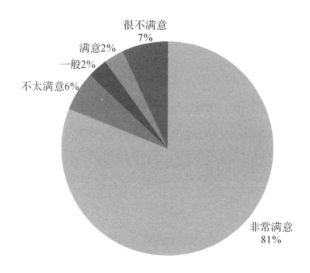

图 6.9　学生对学校校本课程的满意度

可见,学校的课程质量是整体平衡的且具有相关性的。校本课程的质量与整体课程质量水平相近,说明育才中学的教师专业团队对于校本课程开设的认真态度和专业能力,校本课程保持了相当高的水准。同时,从另一方面来说,育才中学的校本课程经过很长时间的建设,在实践过程中形成了稳定的课程方案和实施方式,得到了学生的充分认可。

当调查请学生用 3 个形容词来概括育才中学校本课程的特点时,学生提到频次最高的形容词有"有趣""丰富多彩""生动""优秀""完美"等。在被提到频次最高的前十个形同词(见图 6.10)中,都是褒义词,可见,学生对于校本课程的整体感受良好。其中有 47 名同学以"有趣"来概括课程特点,是提到频数最高的形容词。可见,育才中学的校本课程充分尊重学生的兴趣,课程内容具有吸引力,很好地补充了国家基础课程,丰富了学生的不同课程需求。

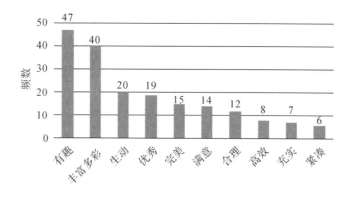

图 6.10　学生形容校本课程特点的前十个词

有 40 名同学认为校本课程"丰富多彩",有 20 名同学认为校本课程很"生动"。在进一步的学生交流过程中,学生认为育才中学的校本课程不仅在内容上丰富,同时在学习方式上也有多种形式。除了传统的班级授课制以外,采取了深度学习、合作学习等形式,给学生带来了丰富的课程体验。

### (三)校本课程的体验

在学生对于校本课程实施的目标、方式、感受等体验的调查结果中(见表 6.8),学生对于校本课程的满意度非常高。相比较而言,学生对于"教师及时回复学生的提问"最满意,其次对"教师提出明确目标""课程任务没有让我感到负担"很满意。而相对满意度不是很高的则是"课堂中的学习会激发我的学习兴趣,在课后进一步了解相关内容"这一项,说明校本课程的学习在动机的持续性需要进一步加强,并尽可能将学生的学习与现实生活相联系,赋予学习更多的意义,从而增加学生的求知欲和学习兴趣。

表 6.8 学生的课程体验情况

| 选题 | 频数 | 极小值 | 极大值 | 均值 | 标准差 |
|---|---|---|---|---|---|
| 在课程开始之前老师明确提出了目标 | 128 | 1 | 5 | 1.44 | 1.155 |
| 课堂教学时，老师布置的课堂任务能引起我的参与兴趣 | 128 | 1 | 5 | 1.47 | 1.086 |
| 老师能及时回复学生的提问 | 128 | 1 | 5 | 1.42 | 1.098 |
| 老师的解答通常都很清楚明白 | 128 | 1 | 5 | 1.45 | 1.100 |
| 课程学习中，老师经常会用小组合作的学习方式 | 128 | 1 | 5 | 1.49 | 1.129 |
| 课堂中的学习任务没有让我感到负担很重 | 128 | 1 | 5 | 1.44 | 1.649 |
| 课堂中的学习会激发我的学习兴趣，在课后进一步了解相关内容 | 128 | 1 | 5 | 1.53 | 1.079 |
| 有效的样本数（列表状态） | 128 | | | | |

其中，参与问卷调查的学生的具体课程体验的感受情况如表 6.9 所示。

表 6.9 学生的课程体验感受

| 选项 | 占比（%） | | | | |
|---|---|---|---|---|---|
| | 非常符合 | 比较符合 | 一般 | 不太符合 | 非常不符合 |
| 在课程开始之前老师明确提出了目标 | 84.4 | 4.7 | 2.3 | 0.0 | 8.6 |
| 课堂教学时，老师布置的课堂任务能引起我的参与兴趣 | 78.9 | 10.2 | 1.5 | 3.9 | 5.5 |

表 6.9　学生的课程体验感受

| 选项 | 占比（%） | | | | |
|---|---|---|---|---|---|
| | 非常符合 | 比较符合 | 一般 | 不太符合 | 非常不符合 |
| 老师能及时回复学生的提问 | 83.6 | 5.5 | 3.1 | 0.8 | 7.0 |
| 老师的问题解答通常都很清楚明白 | 81.3 | 7.8 | 3.1 | 0.8 | 7.0 |
| 课堂学习中，老师经常会用小组合作的学习方式 | 78.9 | 8.6 | 3.9 | 1.6 | 7.0 |
| 课堂中的学习任务没有让我感到负担很重 | 46.9 | 15.6 | 7.0 | 7.8 | 22.7 |
| 课堂中的学习会激发我的学习兴趣，在课后进一步了解相关内容 | 72.7 | 15.6 | 3.1 | 3.1 | 5.5 |

### （四）校本课程改进的意见

参与问卷的学生对于希望增设的校本课程，提到最多频次的前五门课程是信息技术、足球、书法、科学实验、软件编程（见表 6.10）。这些课程涉及信息技术、体育、科学等学科，真实地反映了学生的课程需求，应对了时代变化、技术革新、个人兴趣等需求。而这些课程需求也正是在国家基础课程当中完全得到满足的需求。

表 6.10　希望增设的课程

| 增设的课程 | 信息技术 | 足球 | 书法 | 科学实验 | 软件编程 |
|---|---|---|---|---|---|
| 频数 | 12 | 8 | 4 | 4 | 4 |

# 五、校本课程的支持系统

## (一)学校课程发展的管理机制

1. 基于合作的组织

育才中学在课程开发与建设过程中,主要立足于年级组、备课组、教研组等多种教师合作方式。基于合作的课程开发小组的主要优势体现在 3 个方面:第一,基于合作的课程开发可以拓展课程的视野和内涵,丰富课程内容,减轻教师个人开发的压力和质量的局限性;第二,合作开发课程可以拓展学校特色课程资源的输出,参与开发课程的教师都可以进行授课,使学生更好地获得优质课程资源;第三,基于教师合作的课程开发可以作为教学研究、备课活动的重要内容,促进教师课程开发与教学创新的能力。

2. 基于规范的机制

育才中学已经形成了规范化的教师课程发展的流程,主要为四次课程会议。

(1)第一次课程会议:形成课程单元和课程实施的大体思路

①个人思路:用最短的时间,不参照任何参考书,自己独立钻研,形成简单的课程结构框架。

②参考修改:参考相关资料,把握课程关键问题,调整结构与内容。

③集思广益:教师合作讨论。在课程合作小组中进行意见的分享,并确定课程开发分工。

(2)第二次课程会议:形成具体方案,即《课程纲要》

这一次课程会议主要形成《课程纲要》,是以纲要的形式呈现出某门课程的各种课程元素的文本,包括:

①课程目标:依据学科的核心素养确定课程的目标是什么,包括了学生在知识、技能、情感、态度、价值观等多方面的要求。

②课程内容:选择和组织具体的内容,彼此之间的逻辑关系是什么。

③课程实施:如何呈现或实施课程内容,包括了学习方式、活动安排和资源的利用。

④课程评价:如何知道课程目标已经实现?包括了评价主体、评价方法等具体问题。

(3)第三次课程会议:课程的报告与审议

完成方案的初步设计后,教师小组向学校课程委员会报告课程的开发与设计,通过学校课程委员会的审议后,课程进入实验阶段。

(4)第四次课程会议:课程的评价

学期末进行课程的评价,包括教师的自我评价以及学校课程委员会的评价。评价内容包括教师方案的撰写规范性,课程实施的有效性,学生对课程的满意度调查等,从而回应两个问题:第一,这门课程是否继续开设?第二,如果继续开设,需要做哪方面的调整?

## (二)教师课程发展共同体

### 1.师徒结对

教师的课程开发与实施能力是教师专业发展的重要内容,也是一个新手教师站稳讲台、不断成长的必要方面。育才中学非常重视年轻教师的成长,不管是新入职的教师还是从其他学校转聘的教师,在育才中学都会有师徒结对,通过观察、讨论、合作等多种形式,融入育才的教育文化,提升课程、教学的专业认知和专业能力。

### 2.学术沙龙

学术沙龙是教师课程专业能力提升的常规学习机制。育才的教师们会定期聚在一起,共同学习课程开发领域中的新理论发展趋势,探讨在实践中遇到的课程实践问题,分享课程开发和实施过程中的经验和反思。

### 3.好课对抗赛

如果说学术沙龙是教师课程能力发展的沙盘演练,那么"好课对抗赛"就是全集团教师共同参与课程创新的实践现场。每年的秋季,以各校学科组为单位的"全员赛课"将选拔出优秀教师参加集团层面的终极赛课。所有教师都将参与听课,经过逐级选拔,并在决赛后聆听各科教研员的精彩点评和总结。好课对抗赛给了教师课程开发与实验的机会,并在参赛的过程中,不断总结经验,激发课程的创新和发展。

4. 校外课程资源的整合

引入校外优秀课程资源，借助大学、家长、社区、公共教育机构（见图书馆、博物馆、科技馆等场馆）资源完善校本课程的开设，丰富校本课程的种类，提升校本课程的质量。例如，"育才客座教授制度"是育才具有特色的校本课程。这一课程聘请了家长、大学教授等相关专业的专业人士，为学生提供相关专业领域的专业课程，丰富了学生的视野，提升了相关课程的水平。

## 第七章

# 涵育浸润:育才的校园文化

校园文化是一种在学校社区中生活的每个成员所共同拥有的校园价值观和这些价值观在物质与精神上具体化的文化形态。它表现为学校在长期的办学实践中形成的培养目标、办学传统、校风、学风,是师生共同创造的精神环境、文化氛围。① 其赖以生存和发展的基本素材是对历史和现存文化进行继承和选择的结果,作为历史文化的"储蓄所""中转站"和现实文化的"制造场""交易所",校园文化具有检释、教育、导向、创造、辐射和激励等基本功能,能够反映出师生员工生活信念、价值观念和行为方式,是他们的共同利益之所在。② 育才总校长郜晏中对此深以为然,他在文章《育才的六维管理》中写道:"文化就是一套区别事物好坏的标准和个人价值观的排序。第一价值观决定了一个人的个性,同时也决定了一个人的一生。一个人是如此,一所学校也是如此。这所学校会形成什么样的氛围,什么样的学风、教风,什么样的家长口碑,也都决定于校长确立的是怎样的第一价值观,并能否使之成为全体员工的共识,把它上升为整所学校的第一价值观,从而让每一个人都能围绕它做正确的事。"③因此,育才中学、锦绣中学的全体教职员工就学校的第一价值观展开深入的大讨论,并达成共识:育才、锦绣人的第一价值观是"做一所一身正气的百年名校"。而育才的文化建设也主要体现在此,以及以此为基础拓展的五条价值观上。这五条价值观即①一身正气;②敬

---

① 陈雅,沈健,蔡建钢.论校园文化符号系统的建构与创新[J].高教探索,2007(6):89-91.

② 葛金国,石中英.对校园文化基本功能的再认识[J].教育评论,1990(5):21-25.

③ 郜晏中.六维管理和解放优秀生计划[J].浙江教育科学,2008(1):7-9.

业是一种习惯;③激情快乐;④决胜课堂;⑤服务至上。

中国教育学会会长顾明远教授认为,建设校园文化,首先要认同社会主流文化,而当前我们的主流文化就是改革开放、继承创新、弘扬中华优秀文化的传统,吸收世界一切优秀文明的成果,创造社会主义新文化,要确立核心价值观,校园文化环境建设不仅仅是学校布置得多漂亮,设备多么精良,更放把重心在精神文化建设层面。此外,校园文化还应该反映既立足于传统又富有时代精神的学校精神。① 教育家杨叔子指出:校园文化的时代精神始终是以创新为核心的,要培育学生的广阔视野、创新意识和创新能力,其内涵至少包含 4 个方面:以人为本、崇尚科学、与时俱进和对外开放。把社会主义核心价值体系融入校园文化,弘扬时代精神,有利于素质教育的开展和深入。②

不同的学校有风格各异的校园文化,校园文化本身又是一个形式多样、内蕴丰富的复杂系统,既包括看得见摸得着的物质形态,也隐含难以用形式表达的精神因素,既有严谨完备的制度规章,也有灵动多彩的社团活动。③育才的校园文化建设涉及整洁雅致、现代人文的校园环境,以人为本、科学先进的办学理念,以及丰富多彩和新鲜动感的校园活动等,主要则可以概括为 3 个方面:整洁雅致、现代人文的物质文化,以人为本、宽严得体的制度文化及发展学生核心素养的精神文化。"涵育浸润"则是对育才文化功能及其发挥影响力的机制的最好诠释。

## 一、整洁雅致、现代人文的学校物质文化

物质文化是校园文化的物质形态,包括校园建筑、教学科研设施、生活设施和校园绿化等环境设施。④ 校园环境建设历来受到重视,近代教学论体

---

① 顾明远.重塑大学文化[J].中国大学教学,2015(2):4-6.

② 文军庆,王燕.全国校园文化建设专家研讨会综述[J].中国教育学刊,2007(4):40-43.

③ 陈雅,沈健,蔡建钢.论校园文化符号系统的建构与创新[J].高教探索,2007(6):89-91.

④ 陈雅,沈健,蔡建钢.论校园文化符号系统的建构与创新[J].高教探索,2007(6):89-91.

系的奠基人夸美纽斯就曾在他的代表作《大教学论》中写道："学校的本身应当是一个快意的场所,教室清洁明亮,饰以地图、图表和伟人照片,并有可供游戏、散步的空地,可供观赏的花园,使学生来到学校就感到快乐。"①

有形的校园环境文化会无形地作用于学生的感觉,引发学生的心智活动和行为变化。"当人们将某种特定的情绪情感状态充分地表达在其所创设的相应的环境中时,那种环境实际上就成了人与人之间传递、交流情绪情感的中介,那种特定的环境就会唤起人的相应的心理状态,从而间接地发生心理感染的效应。"一个绿树成荫、鸟语花香、窗明几净的校园,能够让学生产生积极的情绪情感状态,校园环境对于学生在心理上产生的这种影响会促进学生身心的健康成长。同时,当学校所倡导的教育理念与价值取向融入校园环境的各种设施之中时,校园环境中的物质载体就会直接或间接地向生活于其中的学生传递各种相应的教育信息,一定程度上引导和规范着学生的观念和行为方式的形成。校园环境通过这样的间接暗示功能对学生实现着教育。②

"整洁雅致、现代人文的校园环境"是育才引以为傲的诸多特色之一,郜晏中在《名校的"七种武器"》中就将其列为育才的"七种武器"之首,并写道:"校园环境无关面积大小,最起码要整洁,做到窗明几净;再多些雅致更妙,比如围墙周边点缀四季的花朵,让钢琴曲和流水声在校园里回荡;最好添几分现代和人文,将走廊、墙壁改造成孩子艺术创作的乐园,为家长开辟一条等候的风雨长廊……"③

客人们走在育才校园里参观的时候,总是会被小小的校园精致的景观所吸引:风雨长廊、校门的设计理念、知鱼乐、不言轩、相长亭、校训泰山石、清如许和思源台交相辉映;大厅上方的"让孩子因为我们而幸福"的小篆;不是作为摆设用途的钢琴;让家长来到学校有人说话、有地方说话的"家长服务中心";梦想球场、青蓝池、创意工坊、未来课堂等等。

顾明远先生在参观育才的校园时曾总结说,育才的教育是发生在阳光

---

①　马金城,杨筱.浅析加强校园环境建设的重要性[J].高等教育研究,1999(5):91-92.

②　林刚.中小学校园环境的教育寓意性设计探究[J].教育研究,2013(3):41-46.

③　郜晏中.名校的"七种武器"[J].辽宁教育,2016(8).

下的。因为它努力在规模不大的校园中,开发了许多精致的小空间。这些小空间或古雅、或灵动、或舒适、或闲散,只为让师生有更多自由的沟通之所。如因源而活的"清如许"、洒脱俏皮的"鱼知乐"、香氛清逸的"相长亭"、下自成蹊的"不言轩"和安闲雅趣的"闲敲石",这些清新的诗意为快节奏的校园生活,平添了一抹淡雅,一丝从容,让师生在淡然中,感受生活,消除疑虑,互述心声。

在育才诸多的环境设施中,最广为人知的当属"梦想篮球场"。①

按照最初的设计,这些操场上的篮球架,篮筐离地的高度降低 40 厘米。球场建成后,学校立即举行了第一次"扣篮大赛",全校有 30 多个孩子可以完成扣篮,大多数孩子围在旁边,同学们尖叫、鼓掌、欢呼。

后来,学校再降 20 厘米,降低 60 厘米,建了 3 个球场,第一个球场叫"充满梦想",第二个球场叫"实现梦想",第三个球场叫"超越梦想",用它来代表孩子奋斗的 3 个阶段。降了 60 厘米以后,只要是育才的学生,每个人都可以在这里模仿着篮球明星的动作,用各种姿势,完成自己的人生"第一扣"。

"篮筐的标准高度是成年人定的,而喜爱篮球的恰恰是许多未成年人。他们心中涌动着扣篮的欲望,可却实现不了,并且很有可能一辈子都实现不了。标准就那么神圣不可修改?我们的教育为什么总是让孩子们够不着?"郜晏中在接受记者采访时说,这些小孩子从一出生就生活在我们设定的各种各样的标准评价中,被评价了十几年,结果评出了许许多多的失败者。什么时候能琢磨出一种让孩子们都够得着的教育呢?

在郜晏中看来,中国的基础教育总是有太多孩子们"够不着"的东西。育才想做的,就是通过修改过时的或者成人设定的规则,让孩子体会成功带来的自信和喜悦。换句话说,教育归根到底要做一些美好的事、引领的事。当孩子离开学校走上社会,他会从事各种各样的工作,工作当中一定会碰到困难,育才想告诉孩子,你可以更加自信一些,其实有时候成功并不遥远,也许就差那 0.4 米或 0.6 米。育才要实现的理念转变是,给孩子的梦想插上翅膀,让梦想照进现实。这是育才一路走来的写照。

在有形的梦想篮球场背后,是给无形的给孩子放低一点坡度的智慧,是

---

① 郜晏中.样样落实,天天坚持.育才资料.

不以一个标准对学生进行评价的智慧。郜晏中常常提到"避免把动物园里面所有可爱的小动物统统赶去爬树"，强调班主任和学科老师一定要重视这个比方，千万不要用一把尺子去衡量班上几十个个性迥异的孩子，让孩子们在课堂上至少放一次光，或者 3 年里，能在学校出一次彩。此外，他还给老师们布置作业——针对学生不同的条件，相应调整原有的评价标准，让他们有机会品尝貌似永远不可能的成功，比如，改编奥数题，让数学不及格的同学也能征服奥数。正是如此，育才的教育活动才总是充满生机与活力。

## 二、以人为本、宽严得体的学校制度文化

学校制度文化是学校在日常管理要求或规范中逐步形成的，是全体学校成员认同和遵循的精神规范，体现着学校个体特有的价值观念和行为方式。[①] 民主与法制是建设现代学校的人文基础，学习与创新是推进现代学校建设的不竭动力，发展与诚信是个体与团队的信誉所系。[②] "无规矩不成方圆"，育才中学要力争做世界基础教育的中国样板，离不开其一系列以人为本、宽严得体的学校制度。

### （一）严格的教学管理制度

"教学六步法"和"学习六步法"是指导育才教师常规教学和育才学生日常学习的基本方法。育才的教学管理制度主要是针对这六步教学与学习法的成效进行管理。

育才的教学管理主要由教学督导处负责。集团层面的教学督导组，由特级教师领衔，由参与育才初创并已从育才二次退休的专职学科教师组成。在集团督导组的带领下，各校区还抽调专业素质高、责任心强的各科教师组成各校区的督导小组。他们以教学六步法为常规内容，对教师教育教学活动进行全方位的评估指导。

每天，督导老师们推门听课，全面了解教师分层授课情况，全面评估教师的教和学生的学，全面评估学校目前的课堂教学方式和效率，尤其是加强

---

① 王定华.试论新形势下学校文化建设[J].教育研究,2012(1):4-8.
② 王定华.试论新形势下学校文化建设[J].教育研究,2012(1):4-8.

对青年教师和新入校教师的随堂听课，并通过各种方式给予指导。这帮助老师尽快融入育才，实现超常规成长。

每月，督导处对老师们的教案进行检查，公正评分，及时反馈，强化指导。集团各校还不定期进行校际间的交叉督导，横向比较，促进各校区共同进步。

对于作业的布置、批改和个别辅导情况的检查，督导处会通过调取学生作业本、召开教师和学生代表座谈会等方式，进行评估检查。

除了常规教学管理，督导教师也定期对备课组活动、教研组活动进行听评指导。在各学科的周测、月考、期中考、期末考等考试的命卷、组织、阅卷、质量分析等环节介入指导。

### (二)刚柔并济的教师管理制度

育才教师的管理制度秉承着"超常规成长"的理念，教师特别是青年教师的成长有非常好的平台与制度，包括储备教师制度、师徒结对制度、见习班主任制度等，这些制度为青年教师的成长提供了非常好的路径。青年教师的成长空间与高度无关年龄、只关能力，是一种"超常规成长"的模式。这也体现了育才老师管理的柔性特点。

同时，育才教师的管理也有非常严格的制度，如，签署"六不"承诺，培养"一身正气"的教师品格，争当"做到自身能力极致"的教师。这些制度体现了育才教师在教师德育管理中"严格"的成分。只有刚柔并济，才能建设一支既具有人文情怀，又有高尚师德的教师群体。

### (三)人文的学生激励制度

除了环境设计潜移默化的影响，育才还通过别出心裁的师生激励制度激励师生。这些激励都是可见、可触、可闻的，其中"香泡奖"和"生日面"是典型的激励案例。

"香泡奖"是育才校园里最受学生欢迎的奖项。学校里到处栽果树，果树的成长暗含学生每一年的成长，每个学校都种七八棵香泡树，可以长五六百颗果子。到了果实成熟的季节，成绩进步特别明显的或者一直优异的学生可以自己去采摘。果实累累暗含着学生在学校里面春去秋来，付出并收获。"香泡奖"被社会各界所认可，就是因为它的成长和学生成长同步，从挂果到成熟,从青涩到金黄……秋风一来,满树都是累累的硕果,沉甸甸地缀满枝头,那种震撼是无法用语言来表达的。

"生日面"是育才"家文化"的代表活动之一。有毕业生回忆说:"育才的生日面非常温馨。我将以曾经是育才人来鼓励自己,无论身处何处,都要努力成为佼佼者,成为一名君子。"曾经有一个孩子,生了病还坚持要上学,家长询问后才知道,孩子是不想错过专属于他一个人的一年一度的生日祝福。这包括学校的大型电子显示屏的滚动祝福、学校广播中的热烈掌声、写有校长和老师签名的定制生日卡、中午食堂精心烹制的、香喷喷的生日面以及来自班级同学的生日歌等等。学校总是会在第一时间向每一个新入育才的教师和学生收集出生年月等基本信息。这样规格的庆生活动,别说学生,老师们也都盼着这一天。

## 三、发展学生核心素养的校园精神文化

精神文化是学校文化的精神形态,包括学校办学宗旨、教育理念、培养目标、行为准则等。[①] 校园文化环境建设最主要的是建设学校的精神文化,它的核心就是学校的办学思想、教育理念、价值观和思维方式。[②]

核心素养分为文化基础、自主发展、社会参与3个方面,综合表现为人文底蕴、科学精神、学会学习、健康生活、责任担当和实践创新六大素养,具体细化为国家认同等18个基本要点。[③]

育才把孩子的培养目标分为几个方面,包括端正的人品、崇高的信念、顽强的意志、强健的体魄、广博的学识和出众的能力,并将其定为"育才人的成才标准"。

统观育才校园精神文化建设,主要从习惯培养、人文科技素养提高和精神塑造3个方面发展学生的核心素养。

---

① 陈雅,沈健,蔡建钢.论校园文化符号系统的建构与创新[J].高教探索,2007(6):89-91.

② 文军庆,王燕.全国校园文化建设专家研讨会综述[J].中国教育学刊,2007(4):40-43.

③ 核心素养研究课题组.中国学生发展核心素养[J].中国教育学刊,2016(10):1-1.

### (一)习惯培养

育才有一句口号:"习惯形成性格,性格决定命运。"在正确的幸福观指导下,良好的习惯一经形成,就是终身受用的资本,是孩子们最宝贵的财富。对于孩子而言,"少成若天性,习惯如自然"。从小养成良好的习惯,能有利于学生的健康成长,为学生的成才奠定较好的基础,这也是基础教育义不容辞的责任。英国著名哲学家、思想家培根认为,习惯是一种顽强而巨大的力量,它可以主宰人的一生,人从幼年期就应当通过教育培养良好的习惯,教育其实是一种从早年就起始的习惯。习惯总是形成容易改变难。按照朱熹的观点,人的生活习惯决定他的学习习惯。陶行知也认为教育即习惯。父母往往知道孩子有问题而没有认识到子女问题形成的原因,总是一味地批评和指责,或一味地补偿和满足,企图通过学校的严格管理来约束孩子,用分数来认定孩子的成长,迫使孩子把精力全放到学习上从而达到防范问题发生的可能。

在育才,习惯培养是扎扎实实的。通过家长会,从培养家长正确的教育观着手,以行为习惯培养为先导,以学习习惯培养为助力,关注细节,做到习惯成自然。育才将行为习惯的培养落实在教育的细节之中,注重培养孩子朴实、大方、健康和朝气蓬勃的生活态度。这样的方式,不仅培养了学生良好的习惯,还获得了学生发自内心的认可。有一年教师节,记者在校园内随机采访了前来母校看望老师的3位学生,他们是当时就读于浙江大学的管智超、张福添和就读于浙江工业大学的阮弘亮,请他们谈谈育才给他们的最深的印象是什么? 一位学生说:"我一直把育才'预习落实、听课认真、作业独立、考试诚实、纠错及时、多想多问'这24字的学习规范保存在铅笔盒里。初高中6年我天天坚持。人生是一个不断学习的过程,我还会一直坚持下去。"他在说24字的学习法的时候,先后顺序都完全正确,可以想象,他一定是天天坚持,将其落到了实处,并使其成为他的学习习惯。另一位学生说:"这里不吃零食的生活作风,严谨务实的求学态度,至今深深地影响着我的生活与学习。"

#### 1.学习习惯

与前文提及的学生相似,2015年杭州市理科状元、曾经的育才学子钟国杰谦虚地告诉记者自己成功的秘籍时,除了感谢老师的点拨,也提及了"育才的六步基本学习法"①。其实这一学习法朴实无华,但是科学性、操作性很强,包含了预习、上课、作业、考试、纠错、反思等学习的各个环节,对应每一个知识点,点点画圆,不留疑问。学生入校时,学习法就印在录取通知书上;新生见面会时,老师会详细解释如何运用这一方法,并请学生家长一同配合,让孩子面对较小学复杂的知识体系时,能够做好心理准备。

(1)预习落实。预习往往是弹性作业,所以学生的重视程度、完成的质量普遍不高。育才的做法增加了刚性的规定:语文准备一本预习本,每天读完新课后,写3个不懂的问题,第二天早自修老师抽查;数学多买一本最简单的配套作业,预习完新内容后试做一遍配套作业,第二天上完课后自己试着批一下,看看错在哪儿,想想为什么错;英语一般是朗读、背诵作业,要求录在磁带上,第二天老师抽查。

(2)认真听课。要求45分钟不开小差,对一个注意力集中水平只有二三十分钟的初中生来说是有难度的。考虑实际,在要求学生认真听课的同时,育才对每一堂课的时间进行了切分,合理设计,以保证抓住学生注意力。上课开始的5分钟,老师往往是检查课前准备,复习旧知识,以便实施知识迁移;第6分钟到第25分钟是每堂课讲授新知识的关键时段。保证学生至少在这20分钟就全神贯注,即保证学生抓住一堂课的要点、难点、重点。

(3)作业独立。独立思考,即便是一道题最后没有做出来,但在往东碰壁、往西撞墙的过程中就已经调动了所有的知识储备,等于是不断地在复习、梳理、运用。这样的一个思考方式就算最没能具体运用到一道习题上,但它对思维的锻炼无疑是大有裨益的。聪明的脑袋,都是在这种无数的碰壁中磨炼出来的。所以,育才要求学生们人人树立起抄作业可耻、类同小偷的观念。碰到难题,实在做不出,哪怕空着,也不要去抄或变相地用讨论的方法去抄答案。

(4)纠错及时。纠错的重要性,人人皆知,无非是学校的执行力度的大小有异。而育才针对这一点在时间上做了刚性规定:错不过当天,日日清。

(5)考试诚实。在育才,考试诚实不仅针对期中、期末大考,更针对的是平时的随堂单元测验、每月测查等非正规考试。由于教室小、学生多,随堂测

---

① 郜晏中.育才中学的六维管理.育才资料,2015.

验时,要想看看同座的答卷是非常容易的。所以,反而是这样的考试对学生们的诚信提出了更高的要求。育才和学生有言在先,考试作弊,所有的评比、荣誉一票否决,让学生一进校门就知道考试不诚实的代价将是非常高昂的。

(6)多想多问。这是对平时学习的要求。多想的作用同思考,前面已做阐述。多问主要是让学生克服"怕难为情,怕老师烦,怕同学认为自己不够聪明"的心理。育才明确告诉学生,会问的学生、敢问的学生,是最受老师喜欢、同学赏识的学生。

除了学习方法,学习兴趣也是学习习惯培养的切入点,育才尤其注意提高全体师生的阅读兴趣。

古罗马哲学家西塞罗曾经说过"没有书籍的房子,犹如没有灵魂的肉体",而当代诗人公刘先生的一句"书,依我看来,它本身就意味着整个世界",更是言简意赅地道出了书的重要价值,更准确地说应该是读书的价值。对于孩子来说,读书不仅能够拓宽视野,更是净化心灵,充实素养的重要途径。但静下心来读书并非易事,与同学游戏、聊天、运动、完成作业都很方便地成了没时间读书的借口。而传统图书馆,束之高阁的典籍、规整严谨的座位加上庄严肃穆的氛围更让孩子们敬而远之。书与孩子应该是零距离的,读书的体验更应该是幸福的。

在这样的理念下,育才将图书馆的座位改装成榻榻米的形式,让孩子或倚或躺,放松身心,畅游书海;图书馆门口还设置了吧台,读书时,孩子可以自助饮水,领取糖果。自然而然的,图书馆不再门可罗雀,而是成为孩子休息时最喜欢光顾的建筑之一。

2. 生活习惯

习惯问题会演变成为规范问题。"中国式过马路"是网友对部分中国人集体闯红灯现象的一种调侃,即"凑够一撮人就可以走了,和红绿灯无关"。遇上堵车就走硬路肩上的应急通道,出现这种现象是因为大家受法不责众的"从众"心理影响,从而不顾及交通安全。与随地吐痰一样,这便是从不文明习惯演变成对规则规范的一种漠视。

在育才,每天从早上的升旗仪式开始到晚自习都有明确的规范要求。如升旗仪式首先要求学生正衣冠,包括衣领、纽扣等等,有着统一的口令指挥。一周一"仪",意外事件应急规范,教学工作督导条例,教学规范十条,教工"六不"承诺等等，不一而足。

过去，杭州其他学校的学生甚至家长一度认为育才中学是一所"魔鬼学校"，缘于该校对学生行为习惯的高标准，严要求：男生个个理小平头，女生不披发，不编发，不戴饰物；保持校内、校外绝对的语言文明；课间文明游戏，禁止追逐喧哗；校外双肩背书包，杜绝三五成群、勾肩搭背、你推我搡；不边走路边吃东西；进教室不带跟学习无关的东西，少谈和学习无关的内容。

育才鼓励男孩子剪"育才小平头"，提倡"弯腰精神"，从校长和老师开始，天天坚持，起到表率作用。"校长能不能把自己所要求的东西，每一样都落实到每一个环节；能不能每天一个样，从学生进校的那一天起，一直坚持到初中毕业离校前的最后一天，这是学校能否取得成功的关键所在。"为了让学生做到这些规则，教师都要以身作则。比如，在学校里，校长郜晏中带头理平头，所有男教师也个个"从头做起"。在校内见到长者礼貌问好，校内外举止规范，在这样的校园风气下，孩子能够不断地自我完善，养成良好行为习惯，进而形成正直、高尚的品质和阳光、乐观的个性。尤其是见到长者问好的习惯，经常让来访者赞不绝口，这不是一两个人这样做，而是每个孩子都这样做。这是每天清晨，校长和老师迎接孩子来校时养成的习惯。时至今日，育才的孩子回校看望老师时，经常会提起，在高中里一眼就能看出哪里是育才的校友，他们文明礼貌朝气蓬勃，有着自己的标识码。

随着学生把学校有关行为习惯和学习习惯的要求不断落实和提高，育才中学逐渐形成了认真、勤奋、好学的学风。校长郜晏中感叹："现在的教育新理念、新方法，层出不穷，但为什么学这学那，老是学不好，为什么呢？因为方法和理念都可以照搬，但是执行力是拿不走的。而我们学校制胜的法宝就是'样样落实，天天坚持'。"

### (二)人文科技素养提高

育才人坚信："学生爱上学校首先是因为爱上了这里丰富多彩的活动，其次是因为爱上了这里天真可爱的伙伴，再次是因为爱上了美术的缤纷、音乐的优雅、体育的动感、信息的新奇、劳技的创意，最后才轮到那些被大众认为"至关重要的"的语、数、英、科的学习科目。要成为名校只靠冷冰冰的分数可不行，更需要众多特色的、经典的活动。让男孩子们在对抗性的体育活动当中，体会到什么叫团结，什么叫协作，什么叫坚持，什么叫'轻伤不下火线',从而变得阳刚、坚毅;结合自己学校所在的地域特点,编创出洋溢着民族特色的舞蹈,让女孩变得更加婉约和婀娜,而不是在校园里面流行着'江南 style''小苹果',通俗世俗的东西我们不拒绝它,但是在孩子们养成审美、提高审美的关键年龄,学校应该发挥引领作用。让我们的校园里轮番上演着'生日面''体验日''音乐会''创意坊''美食节'……让孩子每天进校时,都怀着一种期待,那该多棒!"

### (三)精神塑造

"坚毅""心流""精神熵"等是 2017 年育才中学研究的关键概念,同时,育才中学也确立了"坚毅教育"作为育才的识别码,使学校有了明确的教育核心,也使得学校的精神塑造有了更为明确聚焦的方向。

"坚毅""精神熵"等概念是积极心理学所倡导的重要概念。积极心理学作为一个新的研究领域,以美国当代著名心理学家马丁·塞里格曼(Martin Seligman)和奇克森特米海伊(Csikzentmihalyi)的 2000 年 1 月发表的论文《积极心理学导论》为标志。它采用科学的原则和方法来研究幸福,倡导心理学的积极取向,以研究人类的积极心理品质、关注人类的健康幸福与和谐发展。塞里格曼也被称为"积极心理学之父"。

Luthans 在 2002 年提出了积极心理资本理论及相应的核心概念,包括希望(hope)、韧性(resilience)、乐观(optimism)和自我效能(self-efficacy),这四者的结合指"心理资本",即"个体发展的积极心理状态,具有以下特征:有信心(自我效能)承担和付出必要的努力成功完成有挑战性的任务;对现在和未来的成功能够做出一个积极的归因;坚持目标,有必要时,为了获得成功重新定向目标路径;当遇到问题和困境,有一定的韧性,甚至超越(韧性)来获得成功"[①]。心理资本是与人力资本和社会资本完全不同的概念,是超出这两类资本的范畴。韧性指的是个体的反弹与超越(bouncing back and beyond),指个体从逆境、不确定性、风险或失败中恢复的能力,适应不断变化和充满压力的生活需求。韧性强的个体能够更好地适应消极经历和外部

---

① Luthans F, Avolio B J, Avey J B, Norman S M. Positive psychological capital: measurement and relationship with performance and satisfaction[J]. Personnel Psychology, 2007,60:541-572.

环境的变化（Newman，Ucbasaran，Zhu & Hirst，2014）。坚毅概念与韧性概念既有一致性，也有差别，两者都是个体意志力的重要体现，但前者更强调的是一般的意志力，后者强调的是逆境下的复原力。

Luthans、Youssef 和 Avolio（2007）也提出了培养韧性的策略：

（1）聚焦资产（asset-focused）策略。资本的积累与关注是培养韧性的基本策略，没有一定的资产/资本（人际关系、财政、人力资本等）积累，纯粹靠坚强的意志，个体较难从困境中恢复，甚至是超越。

（2）聚焦风险（risk-focused）策略。聚集风险策略不是为了回避风险，而恰恰相反，让个体认识到风险是不可逃避的，人们应该形成对风险的积极认知，理解风险、认识风险、并最终超越风险。

（3）聚焦过程（process-focused）策略。个体的行动是一个过程性的活动，包括资产/资本的积累和风险的管理，因此，自我认知和自我调节过程成为韧性培养中的有效组成部分。

事实上，育才长期坚持在进行的一些活动，如冬季长跑、毅行（运河、钱塘江）、班级传统活动、一定时间看完一本书（近期目标与长期目标的结合）、每天坚持英语配音、每天坚持实验、每天坚持观察植物变化等均是学校坚毅教育的体现。

"精神熵"是育才中学郜晏中校长近两年结合心理学的研究新采用的一个概念，"熵"原本是物理概念，后被心理学家借用，称为"精神熵"。"精神熵"的值越高，人的思维越混乱，越低则思维越平静。如何降低"精神熵"，让个体的内心更平静呢？郜校长又采用了另一个心理学概念"心流"做了解释。"心流"指人们集中精力做事情的一种心理状态，当个体全神贯注、身心两忘时，就能够获得这种美好的心理体验——"心流"。在育才中学，一直通过鼓励学生坚持体育运动（如长跑、篮球运动等）、坚持阅读等来提高学生集中精力做事情的心流。

# 参考文献

## 一、中文部分

[1] B. 乔伊斯,等.教学模式[M].北京:中国轻工业出版社,2002.

[2] 陈雅,沈健,蔡建钢.论校园文化符号系统的建构与创新[J].高教探索,2007(6).

[3] 褚清源.鄮晏中的民办教育发展观[N].中国教师报,2011-11-09 (12).

[4] 范国睿.政府·社会·学校——基于校本管理理念的现代学校制度设计[J].教育发展研究,2005,25(1).

[5] 高翔,宁新炎."名师"专业自主性发展的校本管理路径[J].教育理论与实践,2009,(32).

[6] 鄮晏中.六维管理和解放优秀生计划[J].浙江教育科学,2008(1).

[7] 鄮晏中.名校的"七种武器"[J].辽宁教育,2016(16).

[8] 鄮晏中.样样落实天天坚持文稿.育才资料.

[9] 鄮晏中.育才中学的六维管理.育才资料.

[10] 葛金国,石中英.对校园文化基本功能的再认识[J].教育评论,1990(5).

[11] 顾明远.重塑大学文化[J].中国大学教学,2015(2).

[12] 杭州育才中学成功的秘诀:样样落实,天天坚持_中小学校长之家_新浪博客[EB/OL]. http://blog. sina. com. cn/s/blog_4fb3673a0102uwh0.html, 2014-07-09/2018-03-19

[13] 郝秀萍.校本课程是这样的课程[J].青年科学:教师版,2013(2).

[14] 核心素养研究课题组.中国学生发展核心素养[J].中国教育学刊,2016

（10）.

[15] 胡卫,徐冬青.校本管理:现代民办学校管理制度探索[J].教育发展研究,1999(7).

[16] 黄光雄,蔡清田.核心素养:课程发展与设计新论[M].上海:华东师范大学出版社,2017.

[17] 黄光雄.课程与教学.[M].台北:师大书苑有限公司,1996.

[18] 黄崴.校本管理:理念与模式[J].教育理论与实践,2002(1).

[19] 姜晓蓉.校长郜晏中与家长交流"育才六步学习法"[EB/OL].http://hznews.hangzhou.com.cn/kejiao/content/2015-04-01/content_5712847.htm,2015-04-01.

[20] 教育部.基础教育课程改革纲要(试行)[J].西藏教育,2003(1).

[21] 凯洛夫.教育学[M].北京:人民教育出版社,1957.

[22] 阚维.中国基础教育课堂教学实践的独特优势何在[J].人民教育,2017(2).

[23] 雷业勤.论语文教学的时代转型[J].教研天地,2006(6).

[24] 李清雁.教师道德释义对师德建设的启示[J].教育学术月刊,2009(7).

[25] 李文利,刘洪伟.论中学教师的师表育人[J].学术交流,2003(5).

[26] 李晓荣,邢千里.信仰教育对学生成长的重要性[J].教学与管理,2008(1).

[27] 李志刚,吴越.活力课堂[M].上海:上海教育出版社,2003.

[28] 林刚.中小学校园环境的教育寓意性设计探究[J].教育研究,2013(3).

[29] 刘宝存.全人教育思潮的兴起与教育目标的转变[J].比较教育研究,2004(9).

[30] 刘宝存.校本管理:当代西方学校管理的新模式[J].比较教育研究,2001,22(12).

[31] 刘大伟,杜京容.论教育家的核心素养——以陶行知为个案的考察[J].南京晓庄学院学报,2018,34(1).

[32] 刘幼玲.近十年国外分布式教育领导研究述评[J].上海教育科研,2010(8).

[33] 马金城,杨筱.浅析加强校园环境建设的重要性[J].高等教育研究,1999(5).

[34] 毛景焕,当代中西教学模式比较分析[J].教育研究与实验,2000(1).

[35] 闵维方.教育促进经济增长的作用机制研究[J].北京大学教育评论,2017,15(03).

［36］钱梦龙.导读的艺术［M］.北京:人民教育出版社,2000.

［37］石中英.知识转型与教育改革［M］.北京:教育科学出版社,2001.

［38］宋广文,魏淑华.论教师专业发展［J］.教育研究,2005(7).

［39］王定华.试论新形势下学校文化建设［J］.教育研究,2012(1).

［40］王红霞.教师生命理想的缺失与重建［J］.教师教育研究,2017,29(6).

［41］王敏勤."同课异构"教学反思例谈［J］.中国教育学刊,2008(6).

［42］王晓莉.教师专业发展的内涵与历史发展［J］.教育发展研究,2011,33(18).

［43］王彦峰,秦金亮.工作投入对幼儿园教师工作态度和心理健康的影响
［J］.学前教育研究,2015(2).

［44］温彭年,贾国英.建构主义理论与教学改革——建构主义学习理论综述
［J］.教育理论与实践,2002(5).

［45］文军庆,王燕.全国校园文化建设专家研讨会综述［J］.中国教育学刊,
2007(4).

［46］现代汉语词典.北京:商务印书馆,2002,增补本.

［47］小威廉姆·E.多尔.后现代课程观［M］.北京:教育科学出版社,2000.

［48］叶澜.重建课堂教学过程观——"新基础教育"课堂教学改革的理论与
实践探究之二［J］.教育研究,2002(10).

［49］叶文梓.论教师的教育信仰［J］.浙江社会科学,2004(2).

［50］俞国良,辛涛,申继亮.教师教学效能感结构与影响因素的研究［J］.心
理学报,1995,27(2).

［51］约翰·杜威.民主主义与教育［M］.北京:人民教育出版社,2011.

［52］张家军.论师德建设的教化、内化和制度化［J］.课程.教材.教法,2015,
35(7).

［53］张林英.基于态度理论的高校教师工作倦怠探因与激励研究［J］.科技
管理研究,2011,31(8).

［54］赵祥麟,王承绪.杜威教育论著选［C］.上海:华东师范大学出版社,1981.

［55］浙江省教育厅〔2015〕浙江省教育厅关于深化义务教育课程改革的
指导意见.

［56］郑东辉.学校本位教师专业发展的内涵解读［J］.教育发展研究,2011,
33(18).

［57］郑金洲.走向"校本"［J］.教育理论与实践,2000(6).

［58］周洪宇.陶行知生活教育学说［M］.武汉：湖北教育出版社,2011.

［59］周兴国.多元冲突中的教育理想：整合与追寻［J］.华东师范大学学报
（教育科学版）,2011,29(2).

［60］朱丽霞,喻学林.论思想政治理论课对培育大学生理想信念的作用［J］.
湖北社会科学,2012(6).

## 二、英文部分

［1］Beck & Murphy. The four imperatives of a successful school ［M］.
California：Corwin Press.

［2］Chappel A M. A longitudinal investigation of stress,complete mental
health,and social support among high school students［D］. University
of South Florida,2012.

［3］Cuban L. A fundamental puzzle of school reform. //Lierberman A.
Schools as collaborative cultures［M］. New York：Falmer,1990.

［4］Dufour R,Eaker R. Professional learning communities at work［J］.
District Administration,2007,16(5).

［5］Elmore R,Washington D. Building a new structure for leadership［J］.
American Educator,2000(1).

［6］Gibbons M,Limoges C,et al. Trow the new production of knowledge：
the dynamics of science and research in contemporary societies［M］.
London：Sage Publications,1994.

［7］Hollander E P,Julian J W. Contemporary trends in the analysis of
leadership processes［J］. Psychological Bulletin,1969,71(5).

［8］James P S,Healey K. Conceptualizing school leadership and management
from a distributed perspective：an exploration of some study operations and
measures［J］. Elementary School Journal,2010,111(2).

［9］Johnsteiner V,Mahn H. Sociocultural approaches to learning and development：
a vygotskian framework［J］. Educational Psychologist,1978,31(3-4).

［10］Kenneth Leithwood, Blair Mascall, Tiiu Strauss, et al. Distributing
leadership to make schools smarter：taking the ego out of the system

[J]. Leadership & Policy in Schools,2007,6(1).

[11] Luthans F,Avolio B J,Avey J B,Norman S M. Positive psychological capital:measurement and relationship with performance and satisfaction [J]. Personnel Psychology. 2007,60.

[12] Organization for Economic and Co-operative Development. Definition and selection of key competencies:executive summary (DeSeCo) [EB/OL]. Retrieved April 10,2018http://www. oecd. org/pisa/35070367. pdf,2005.

[13] Osguthorpe R T,Graham C R. Blended learning environments:definitions and directions[J]. Quarterly Review of Distance Education,2003,4(3).

[14] Schonfeld I S. Stress in 1st-year women teachers:the context of social support and coping[J]. Genetic,Social and General Psychology Monographs,2001,127(2).

[15] Spillane J P,Halverson R,et al. Towards a theory of leadership practice:a distributed perspective[J]. Journal of Curriculum Studies,2004,36(1).

[16] Spillane J P. Educational leadership[J]. Educational Evaluation & Policy Analysis,2003,25(4).

[17] Spillane J P,Camburn E M,et al. Taking a distributed perspective:epistemological and methodological tradeoffs in operationalizing the leader-plus aspect[J]. Journal of Educational Administration,2008,46(2).

[18] Wang X D,Wang X L,Ma H. Rating scales for mental health[M]. Beijing:Chinese Mental Health Journal Press,1999.

[19] Yin C C. School effectiveness and school-based management [M]. London. Washington,D. C. :The Falmer Press,1996.

[20] Yukl G. Leadership in organizations (8th edition) [M]. New Your:Pearson,2012.

[21] Zhu C,& Wang D. Key competencies and characteristics for innovative teaching among secondary school teachers:a mixed-methods research [J]. Asia Pacific Education Review,2014,15(2).

# 附　录

1. 您本人如何理解"领导"?

2. 从初办学校的扁平化的管理中的亲力亲为到不断设立分校产生分校校长及不同的团队,这个过程如何发展? 分校团队如何产生任命? 您在其中是如何分布自己的领导力的呢?

3. 哪些领导管理工作需要被分布? 简单来说哪些方面的工作需要赋权,哪些可以自己做?

4. 除了您自己以外,学校里还有其他主要关键的领导吗?

5. 您希望这些领导可以做些什么去发挥他们作为领导的角色和作用呢?

6. 这些领导发挥了什么实际影响? 请举例说明。

7. 您认为这些学校领导要成功做好他们的角色需要具备什么知识、能力、品质?

8. 您在支持他们发展中发挥什么样的角色?

9. 是什么能让他们做领导工作更顺利或者更困难?

10. 您是如何与分校校长保持交流,掌握办学情况和把控办学质量的呢?

11. 领导如何影响教职工团队? 在哪些方面?

12. 您具体是通过什么支持教师超常规发展、发挥他们的强项呢?

13. 如何描述和评价现在学校的组织结构? 现在合理吗? 还存在需要改进的问题吗?

14. 通过观察或者分析,当某班级在学业或纪律等其他方面的表现上落后,作为领导会如何介入帮助改进呢?

15. 您是否认为学校有一些没有正式领导职务但事实上发挥领导力的老师

的存在？

16.您同意人人可以是领导者吗？如何发挥调动一线教师和中层干部的自
　　主性？

17.在赋权之后，您是如何把握直接领导和间接领导的限度？

## 二、教师社会网络调查

亲爱的老师：

　　您好！本问卷旨在更好地了解贵校教师团队的教学专业互助网络，以
研究学校的分布式领导状况。本问卷结果仅为科学研究使用，不涉及其他
公开用途。您的支持对本研究的完成意义重大，谨致谢忱！

　　在这一学年中，您在学校中会向谁在任教学科的教学上寻求信息、建议
或帮助呢？请写下他们的名字以及其职位角色。

| 编号 | 姓名 | 职位角色 |
|---|---|---|
| A | | |
| B | | |
| C | | |
| D | | |
| E | | |
| F | | |
| G | | |
| H | | |
| I | | |
| J | | |

请勾选您寻求帮助的具体类型。（可多选）

| 编号 | 增长学科知识 | 准备或选择课程内容和教学材料 | 教学方法 | 对学业表现落后的学生的策略 | 评估学生对教学内容的掌握程度 | 其他 |
|---|---|---|---|---|---|---|
| A | | | | | | |
| B | | | | | | |
| C | | | | | | |
| D | | | | | | |
| E | | | | | | |
| F | | | | | | |
| G | | | | | | |
| H | | | | | | |
| I | | | | | | |
| J | | | | | | |

请勾选您与他们沟通的频次。

| 编号 | 每日几次 | 每周3—4次 | 每周1—2次 | 每月1—2次 | 每年几次 | 几乎没有 |
|---|---|---|---|---|---|---|
| A | | | | | | |
| B | | | | | | |
| C | | | | | | |
| D | | | | | | |
| E | | | | | | |
| F | | | | | | |
| G | | | | | | |
| H | | | | | | |
| I | | | | | | |
| J | | | | | | |

请勾选他们的建议对您的影响度。

| 编号 | 有非常大影响 | 有较大影响 | 有一定影响 | 略有影响 | 完全没有影响 |
|------|------------|----------|----------|--------|------------|
| A |  |  |  |  |  |
| B |  |  |  |  |  |
| C |  |  |  |  |  |
| D |  |  |  |  |  |
| E |  |  |  |  |  |
| F |  |  |  |  |  |
| G |  |  |  |  |  |
| H |  |  |  |  |  |
| I |  |  |  |  |  |
| J |  |  |  |  |  |

问卷到此结束,感谢您的参与!

# 后　记

在杭州,育才中学几乎家喻户晓。从 2000 年创校时的 16 位教师、200 多名学生、"一穷二白"的校园,到现在发展为拥有 15 所学校、万余在读生的教育"航母",育才中学的创业史对亲历者而言可谓筚路蓝缕,对旁观者来说则足以称得上奇迹!"样样落实,天天坚持"的校训,朴素而率直,但是,把正确的事做到极致的价值追求,已经刻进了每一个育才人的精神世界和日常行为中。正是凭着这种坚毅的精神和不断自我超越的内生力量,育才中学才能迅速崛起,成为近年来杭州市民办学校中派位比例最高、最热门的热点学校之一。

对于教育研究者而言,每一个富有个性的学校,每一段精彩独特的学校创业史都具有丰富的、无可替代的典型意义。走进育才、解读育才、表达育才,曾经是我们研究小组很长时间的牵挂。但是,当我们真正走近育才人,走进育才中学的校园与校史,我们才深切感受到,近 20 年的育才创业史,足以称得上风起云涌,波澜壮阔。要想把育才的文化积淀,尤其是还在不断创生着的丰富经验表达出来,实在不是一件容易的事。研究断断续续,书稿写写停停,多少次陷入困顿,但激励我们持续用力最终完成任务的,除了作为研究者的责任感之外,不能不提到的,是育才中学的"坚毅"深深感染着我们,督促着我们。

本书主要由浙江大学教育学院孙元涛、叶映华、梅伟惠、何珊云合作完成。孙元涛撰写了前言、第一章和第二章;叶映华撰写了第四章和第七章;梅伟惠撰写了第三章和第五章;何珊云撰写了第六章。在研究和写作过程中,孟月芳、位静分别参与了第一、二章的调研、统计分析和部分初稿的撰写工作;朱蕾、邓琦薇参与了第三章的研究工作;郭玉娇、孙佳风参与了第五章的研究工作。尹向毅在研究之初,协助搜集了大量素材,为研究工作的顺利开展提供了重要资源。

感谢徐小洲教授的信任与督促。在繁重的学校管理和学术研究事务中,徐小洲教授依然非常关注本研究的推进。他不仅亲自参加了研究提纲的设计与修订,而且还为书稿的出版提供了无私的帮助。感谢育才中学的部晏中校长和他所领导的团队。他们为书稿的撰写提供了直接的思想资源和丰富的素材,并且为研究过程中的访谈、问卷调查等,提供了慷慨的帮助。

特别感谢本书的责任编辑李玲如老师。她不仅时刻关注着书稿的撰写和修改进程,而且还在编校过程中,对图表的呈现方式、文字的修订和润色等,提供了非常专业的建议。

最后需要说明的是,育才中学是一所富于创新的学校。在我们从事研究和写作的过程中,育才中学不仅在办学品质、规模等方面不断发展,而且也在学校的办学理念、文化价值等方面,不断实现聚合、深化与创新。定格的文字,难以表达向着未来不断生成和流动的经验。我们只好在遗憾中期待育才中学在新时代创生出更丰富多彩的经验与价值。